Springer
Berlin
Heidelberg
New York
Barcelona
Budapest
Hongkong
London
Mailand
Paris
Singapur
Tokio

Werner Metzig · Martin Schuster

Prüfungsangst und Lampenfieber

Bewertungssituationen vorbereiten und meistern

2. Auflage

Springer

ISBN 3-540-66343-6
Springer-Verlag Berlin Heidelberg New York
2. Auflage

Die Deutsche Bibliothek – CIP-Einheitsaufnahme
Metzig, Werner:
Prüfungsangst und Lampenfieber: Bewertungssituationen vorbereiten und meistern / Werner Metzig; Martin Schuster. Berlin; Heidelberg; New York; Barcelona; Hongkong; London; Mailand; Paris; Santa Clara; Singapur; Tokio: Springer, 1997

Redaktion: Ilse Wittig, Heidelberg
Umschlaggestaltung: Bayerl & Obst, Frankfurt unter Verwendung einer Illustration von der Image Bank®
Innengestaltung: Andreas Gösling, Bärbel Wehner, Heidelberg
Satz/Datenkonvertierung: MEDIO, Berlin
SPIN 10741925 67/3012 - 5 4 3 2 1 0 - Gedruckt auf säurefreiem Papier

Inhaltsverzeichnis

1 Vorbemerkungen zum Selbsthilfeprogramm 1

2 Bewertungsangst, was ist das? 8

Bewertungsangst als Angst vor Verletzung des Selbstwertgefühls 8

In welchen Situationen tritt Bewertungsangst auf? 11

Wie häufig ist Bewertungsangst? 12

3 Wie zeigt sich Bewertungsangst? ... 13

Symptome von Bewertungsangst 13

Fallbeispiele 16

Selbsteinschätzung, Selbstdiagnose 19

Subjektive Einschätzung der Angst 19

Fragebogen zur Bewertungsangst 21

Ängste, die von Fachleuten behandelt werden sollten 26

Generalisiertes Angstsyndrom 27

Paniksyndrom 27

Zwangssyndrom 28

Posttraumatische Belastungsreaktionen 28

Affektive Störungen: Depression 29

Die Komponenten von Angst: Emotion, Kognition, Verhalten 30

Änderungsmotivation 32

Überprüfung Ihrer Änderungsmotivation 34

Realistische Ziele setzen 37

4 Wie kommt Angst zustande? 43
Die Bedeutung von Prüfungen 43
Mit der Prüfung verbundene
ungünstige – unbewußte – Erwartungen 45
Schlechte Erfahrungen 47
Vermeidung von
angstauslösenden Situationen 49
Familiäre Glaubenssätze, Redensarten 49
Konditionierung 51
Phantasien begründen Ängste 52
Fallbeispiele für
phantasieausgelöste Ängste 53
Angst vor der Angst 54
Unterschiedliche Lerntypen 57

5 Was ist zu tun? 59
Techniken zur Kontrolle
der Aufgeregtheit 62
  Atmung 62
  Entspannung 64
  Meditation 70
  Systematische Desensibilisierung 73
  Augenbewegungen 77
  Selbsthypnose 79
  Nutzen Sie Ihre positiven Erfahrungen:
  Ankern 88
Techniken zur Kontrolle
von Gedanken und inneren Bildern 93
  Irrationale Überzeugungen aufgeben 93
  Innerer Dialog mit der Angst 100
  Gedankenstop und Gedankenersetzen 102
  Selbstverbalisation 104
  Mit zirkulären Fragen
  eigene Stärken finden 108
  Geschichten und bildhafte Analogien 112

Angst und Bildvorstellungen 117
Humor 121
Techniken zur Kontrolle des Verhaltens 124
Das Lernen am Modell nachholen 124
Rollenspiel und Rollenspiel „im Kopf“ 126
Mit kleinen Schritten
Erfolgserlebnisse schaffen 132
Kontrolle über die
Bewertungssituationen erhöhen 135
Bewegung 141

6 Angst bei Kindern und Jugendlichen 143
Angstmessung 143
Was läßt sich gegen Angstbelastung tun? 145
Negative Selbstgespräche ändern 146
Lernen am Modell 147
Geschichten und Märchen 147

7 Verhaltenstips 150
Tips für Prüfungen 150
Sich informieren 150
Richtig lernen 154
Tips zur Arbeitsorganisation 156
Persönliche Bekanntschaft
zum Prüfer herstellen 159
Das soziale Netz 160
Rituale der Vorbereitung 161
Religion 162
Talismane und Horoskope 163
Kritische Situationen in der Prüfung 165
Ratschläge für Prüfer 167
Tips für Vorträge 174
Selbst milde bewerten 174
Erstellen einer Gliederung 176

Die kognitive Belastung beim Vortrag verringern ... 178
Irrationale Gedanken beim Vortrag bewußt machen ... 180
Angst vor dem Auffallen der Angst ... 182
Sich auf einen Vortrag vorbereiten ... 184
Tips für das Sprechen in Gruppen ... 186
Spontan formulieren ... 187
Sich nicht unterbrechen lassen und laut reden ... 187
Langsam reden ... 188
Die anderen Gruppenteilnehmer anschauen . 188
Freundlich sein ... 189
Zu Beginn etwas sagen ... 190
Gestik beachten ... 190
Auch unglücklich begonnene Sätze zu Ende bringen ... 191
Nicht unbedingt witzig sein ... 193
Tips für Vorstellungsgespräche ... 193
Das Bewußtsein beschäftigen ... 194
Tips für Musiker bei Lampenfieber ... 195

8 Ungünstige Methoden der Angstbewältigung ... 199
Alkohol ... 199
Kaffee und Schokolade ... 200
Nahrungsaufnahme ... 201
Was können Medikamente leisten? ... 201
Mit sich schimpfen ... 203

9 Abschließende Bemerkungen ... 204

Anhang: Checkliste zur Selbstbeobachtung ... 205

1 Vorbemerkungen zum Selbsthilfeprogramm

Das vorliegende Buch soll der Information und der Selbsthilfe dienen. Es bietet Ihnen Vorschläge und Methoden, wie Sie in Bewertungssituationen mit Angst umgehen können. Die Strategien, die wir empfehlen, sind nicht darauf ausgerichtet, Ihre Persönlichkeit zu verändern oder tiefgreifende innere Konflikte aufzuarbeiten. Sie sollen Sie befähigen, unangenehme, störende und behindernde Ängste, die mehr oder weniger alle Menschen kennen, besser zu bewältigen.

Sie werden zu Recht erwarten, daß die empfohlenen Methoden bewährt und die Vorschläge begründet sind. Das ist natürlich auch so, und deshalb haben wir uns bemüht, wissenschaftliche Belege für deren Wirksamkeit anzuführen. Unsere Beispiele sind natürlich nicht diese Belege. Sie dienen nur der Illustration und dem besseren Verständnis. Die Belege und Nachweise findet man in der wissenschaftlichen Literatur; die relevanten Bücher und Aufsätze haben wir jeweils am Ende der Abschnitte angegeben.

Therapiemaßnahmen und folglich auch Selbsttherapiemaßnahmen sind nicht entweder zu 100% wirksam oder völlig unwirksam. Je nach Persönlichkeit des Anwenders, nach der Entstehung und der Art der Probleme und schließlich auch nach der Motivation des Anwenders werden unterschiedliche Ergebnisse erreicht. Daher kann man bei solchen Maßnahmen nur wissen, daß sie prinzipiell wirksam sind. Das heißt nicht, daß sie in jedem Einzelfall wirken.

Aus diesen Gründen haben wir ein breites Angebot von Maßnahmen zusammengestellt, aus dem Sie auswählen können. Sie werden dabei zu Ihrem eigenen Wirkungsforscher, greifen auf, was bei Ihren Angstproblemen hilft und lassen weg, was nicht so wirkungsvoll ist. Wir möchten Sie ermutigen, mit dem Angebot zu experimentieren bzw. sich auch einmal auf Vorschläge einzulassen, die Sie im ersten Moment nicht überzeugen.

Hier muß allerdings noch eine Einschränkung gemacht werden, was die Bewährung der vorgeschlagenen Maßnahmen anlangt. Wenn für die geschilderten Maßnahmen nachgewiesen ist, daß sie im Rahmen einer Psychotherapie prinzipiell wirkungsvoll sind, so muß das nicht heißen, daß sie als Selbsthilfemaßnahmen in gleicher Weise eingesetzt werden können und dann die gleiche Wirksamkeit zeigen (vgl. Rosen 1987). Tatsächlich beschäftigt sich die Therapiewirkungsforschung kaum mit Selbsthilfemaßnahmen wie, z.B. mit Büchern zur Angstbewältigung.

Selbsthilfemaßnahmen müssen einfach, leicht verständlich und plausibel sein, um effektiv zu sein. Wir haben daher in diesem Buch Therapiemaßnahmen nicht einfach übernommen, sondern die in der Therapie wirkungsvollen Prinzipien und Techniken so angepaßt, daß sie sich zur Selbsthilfe eignen. Aus unserer Erfahrung als Therapeuten, die viele Menschen in Angstsituationen zu Selbsthilfemaßnahmen angeregt haben, wissen wir, was sich zur Selbsthilfe eignet und was nicht.

Wir möchten Sie herzlich dazu einladen, uns über die Erfolge Ihrer Selbsthilfeversuche Rückmeldung zu geben, damit wir unsere Ratschläge weiter kontrollieren und neue lehrreiche Beispiele gewinnen können (unsere Adresse befindet sich auf der letzten Seite). Insgesamt sollte von solchen Maßnahmen aber auch nicht *mehr* Erfolg erwartet werden als von traditioneller Psychotherapie mit einem Therapeuten.

Grundsätzlich bewerten auch viele Therapeuten die Selbsthilfeliteratur als nützlich. Viele Psychotherapeuten verweisen ihre Klienten auf Ratgeberliteratur, die ihnen Grundinformationen vermitteln und Hilfestellungen bei ihren Problemen geben kann. Nach Starker (1986) empfehlen 88,6% der Psychologen und Psychiater Selbsthilfebücher. Auch die Leser sind überwiegend zufrieden und geben – speziell was die Bewältigung von Angst betrifft – positive Effekte an (vgl. Gould et al. 1993).

Ellis (1993) nennt einige Vorteile von Selbsthilfeliteratur gegenüber einer Psychotherapie:

- „Unangenehme Wahrheiten" sind leichter von einem Text als von einem anderen Menschen, z.B. dem Therapeuten, zu akzeptieren. Wie ein Computer, so ermöglicht auch ein Buch ein „blamagefreies Lernen"; es wird nicht zum Zeugen persönlicher Niederlagen und Fehler, es hat kein Gedächtnis und keine Fähigkeit zur Bewertung.
- Tips, die einem im Gespräch mit einer anderen Person vielleicht lächerlich oder kindisch vorkommen und die man daher gerne ablehnt, nimmt man von einem Text widerstandsfreier an. Die in diesem Buch empfohlenen Autosuggestionen z.B. wirken zwar vielleicht auch erst einmal komisch; warum sollte es etwas ändern, wenn man innerlich zu sich spricht? Erst wenn Sie sich einmal versuchsweise darauf eingelassen haben, können Sie die segensreiche Wirkung solcher ungewöhnlicher Maßnahmen spüren. Zu einem solchen Versuch kann man aber

von einem Text möglicherweise leichter angeregt werden als von einer Person.

- Selbsthilfeliteratur beschleunigt und vertieft eine Psychotherapie, da sie dem Klienten zusätzliche Informationen vermittelt. So kann z.B. die Kenntnis darüber, wie Angst entsteht und wie sie abgebaut werden kann, dem Klienten helfen, den Sinn der Therapiemaßnahmen besser zu verstehen, und ihn so motivieren, diese auch wirklich umzusetzen.
- Wenn man sich scheut, einen Therapeuten aufzusuchen, eine Therapie zu teuer oder aus anderen Gründen nicht möglich ist, kann man zumindest auf Selbsthilfeliteratur zurückgreifen.
- Durch die Lektüre von Selbsthilfebüchern kann man Ratschläge und Sichtweisen ganz unterschiedlicher Therapieschulen zur Kenntnis nehmen und sich die für einen persönlich hilfreichen heraussuchen, was in einer Psychotherapie meist nicht möglich ist.
- Manche Menschen haben schlechte Erfahrungen mit einer Psychotherapie gemacht; für sie sind Ratgeber eine gute Möglichkeit, sich Zugang zu therapeutischem Wissen zu verschaffen.

Tatsächlich glaubt Ellis, daß der Erfolg von Selbsthilfebüchern, wenn sie geeignet und gut sind, größer ist als der Erfolg einer herkömmlichen Psychotherapie.

Bei der Lektüre von Ratgebern müssen aber auch Probleme und Risiken bedacht werden (vgl. Ellis 1993).

- Oft sind die Ratschläge unwissenschaftlich (z.B. esoterisch, astrologisch orientiert). Der Leser kann die wissenschaftliche Fundierung oft nicht selbst beurteilen.

- Die Konsumenten verstehen die Texte möglicherweise nicht richtig und machen sich dann falsche Vorstellungen von ihren Problemen bzw. von der Möglichkeit, sie zu lösen. Es ist daher äußerst wichtig, zu überprüfen, ob die Texte und vor allem die Anweisungen verständlich geschrieben sind.
- Es wird oft der Eindruck vermittelt, es sei einfach, eine gewünschte Veränderung zu erreichen. Dies geschieht unter anderem auch aus ökonomischen Gründen, d.h. damit der Ratgeber sich besser verkauft. Wir verzichten in unserem Buch darauf, dem Leser eine unmittelbare Besserung seines Befindens zu garantieren und weisen darauf hin, daß Erfolge oft erst nach einiger Übung zu erreichen sind.
- Die Bücher können u.U. verhindern, daß sich jemand in eine für ihn notwendige Therapie begibt. Doch gerade in Situationen der Bewertungsangst, z.B. vor Prüfungen, ist der Betroffene oft auf schnelle Hilfe angewiesen. Dafür steht nicht immer sofort professionelle Hilfe und speziell nicht der Fachmann für Prüfungsangst zur Verfügung. Die Selbsthilfe tritt also hier meistens an die Stelle einer nicht verfügbaren professionellen Therapie.
- Die Selbstdiagnose kann falsch sein und zu falschen Versuchen der Selbstbehandlung führen, die dann scheitern und Enttäuschung und Verzweiflung nach sich ziehen. (Dies ist nun aber bei Prüfungsangst und Bewertungsangst eher nicht zu befürchten. Die Angst vor einer Bewertungssituation wird deutlich erlebt und ist daher kaum falsch zu diagnostizieren.)
- Die Maßnahmen sind nicht auf den individuellen Fall abgestimmt. So kann es passieren, daß Passivität durch das „passive" Lesen unterstützt und hypomanische Aktivität nicht gebremst wird. Aber

Bücher sind nun einmal für ein größeres Publikum geschrieben; sie können zwar auf Einzelerscheinungen eingehen, aber vernachlässigen sicher die verschiedensten individuellen Ausprägungen eines Problems sowie die Persönlichkeitsunterschiede der Betroffenen. Es ist aber möglich, sich unter den angegebenen Maßnahmen diejenigen herauszusuchen, die für einen ganz persönlich förderlich sind.

Auf jeden Fall geht die Initiative beim Einsatz von Selbsthilfeliteratur vom Betroffenen selbst aus. Der Leser kann sich den Erfolg also auch selber zuschreiben. Hiervon geht, was die Effektivität von Selbsthilfetexten anlangt, eine Art von Wirksamkeit aus, die einer Therapie mit einem Therapeuten prinzipiell fehlt. Ein guter Ratgeber nutzt diese Fähigkeit zur Selbstwirksamkeit und verhindert einen vorzeitigen Abbruch, der bei der Beschäftigung mit Selbsthilfetexten durchaus häufig ist (vgl. Barerra u. Rosen 1977). Oft fehlt in diesen Fällen einfach ein Hinweis, der dem Leser eine geeignete Kontrolle über Veränderungen gibt, z.B. wie häufig und wie lange eine bestimmte Maßnahme geübt werden sollte.

Das vorliegende Selbsthilfeprogramm wurde im Rahmen einer Staatsarbeit empirisch überprüft (Münch 1996). Der Text wurde von allen Probanden als gut verständlich und interessant beurteilt. Wenn sie auch die eine oder andere Übung des Programms bereits kannten, so fanden sie doch auch neue Anregungen. Die Vielfalt des Angebots an Übungen führte – wie in der Instruktion angeregt – zu einer individuellen Auswahl. Über 60% der Probanden gaben an, das Programm habe zu einer Reduzierung ihrer Prüfungsangst geführt. Bei denjenigen, die kurz vor der Prüfung standen, ergab sich tatsächlich eine Verringerung der Angst in der aktuellen Prüfung.

Literatur

Barerra M, Rosen GM (1977) Detrimental effects of a self reward contracting program on subjects involvement in self administered desensitization. Journal of Consulting and Clinical Psychology 45: 1180–1181

Ellis A (1993) The advantages and disadvantages of self help therapy materials. Professional Psychology – Research and Practice 24: 335–339

Gould RA et al. (1993) The use of bibliotherapy in the treatment of panic: a preliminary investigation. Behavior Therapy 24: 241–252

Münch A (1996) Die Bewertung eines Selbsthilfetextes zur Prüfungsangst. Unveröffentlichte Staatsarbeit, Universität zu Köln

Rosen G (1987) Self-help treatment books and the commercialization of psychotherapy. American Psychologist 42: 46–51

Starker St (1986) Premises and prescriptions: self-help books in mental health and medicine. American Journal of Health Promotion 1: 19–24

2 Bewertungsangst, was ist das?

Bewertungsangst als Angst vor Verletzung des Selbstwertgefühls

Einige gut bekannte Ängste ähneln sich überraschend, wenn man ihre gemeinsame Grundlage in der Angst vor (negativen) Bewertungen bzw. Beurteilungen erkennt. Unter dieser Klammer kann man das Lampenfieber vor einer Musikaufführung, die Angst vor einem Vortrag, die Angst, vor einer fremden Menschengruppe zu sprechen – also ein Form der sozialen Schüchternheit – und natürlich auch die Angst vor Prüfungen und die Angst vor Autoritätspersonen zusammenfassen. Alle stellen die gleiche Grundform der Angst dar.

Einige Merkmale solcher Ängste verweisen deutlich auf die Angst vor Abwertung: Es ist das Sprechen in einer Gruppe *fremder* Menschen, was vielen Angst macht. In dem Moment, wo man in einer fremden Gruppe zum ersten Mal spricht, bilden sich die anderen ein Urteil. Unsicherheiten werden auffallen. Das Aussehen wird registriert. Kennt man seine Zuhörer und ist sich einer positiven Bewertung gewiß, ist diese Angst nicht nötig. So haben denn auch nur wenige Menschen Angst davor, im Kreise von Bekannten zu sprechen.

Der erste Kontakt mit einer Person des anderen Geschlechtes wird ebenfalls zu einer Bewertungssituation. Hier geht es um soziale Geschicklichkeit und hübsches Aussehen. Solch ein erster Kontakt kann bei manchen Menschen regelrechte Panik auslösen. In Begegnungen mit dem anderen Geschlecht kann es zu Bewertungsängsten kommen, die sich unangenehm auswirken. Ist dann eine gewisse Vertrautheit entstanden, verschwinden auch die Ängste.

Genau so ist es in anderen Bewertungssituationen. Läuft es erst einmal ganz gut in der Prüfung oder bei einem wichtigen Vortrag, ist die Angst vor der kritischen Situation schnell überwunden.

Personen, deren Bewertungen nicht wichtig sind, lösen solche Ängste nicht aus: Dummerweise ist es immer das besonders hübsche Mädchen, das die Ängste auslöst, oder eben auch die Autoritätsperson, deren Urteil man in einem Leistungsbereich als richtig und wichtig anerkennen muß. Es sind für den Dozenten nicht die Studenten, die bei einem Vortrag Bewertungsangst auslösen, sondern es ist der Vortrag vor berühmten Kollegen, der selbst erfahrenen Wissenschaftlern noch den Angstschweiß auf die Stirne treibt.

Weil solche Ängste eine gemeinsame Ursache haben, treten sie häufig auch zusammen auf: Wer starke Prüfungsangst hat, hat fast immer auch Angst vor wichtigen Vorträgen und oft auch Angst vor sozialen Auftritten. Man mag sich in der einen oder anderen Situation sicherer fühlen, man mag auch gemerkt haben, daß man beim anderen Geschlecht recht gut ankommt, aber im Prinzip nährt die Angst vor der Bewertung die ganze Palette der beschriebenen Ängste.

Negative Bewertungen sind ja nicht nur deshalb unangenehm, weil man in der Folge Nachteile zu erwarten hat, etwa wenn man bei einem Bewerbungsgespräch schlecht abgeschnitten hat und nun die erhoffte Position nicht bekommt. Eine negative Bewertung gefährdet auch das Selbstbild, und das ist schlimm. Ganz grundsätzlich möchte jeder Mensch sich selbst als wertvoll empfinden. Eine Minderung des selbstempfundenen Wertes ist oft noch schlimmer als das Bewußtsein, von anderen gering eingeschätzt zu werden.

Dieses Selbstwertempfinden wird durch negative Bewertungserfahrungen gefährdet. Eine abwertende Erziehung, zu hohe Anforderungen in Lernphasen, eine Kindergruppe, die den Außenseiter hänselte, erlauben es vielen betroffenen Menschen nicht, ein stabiles, positives Wertgefühl aufzubauen. Sie entwickeln Angst vor Bewertungssituationen, die dann ihrerseits wieder dazu führen kann, daß die Leistung in solchen Situationen sich verschlechtert. Wenn eine Person bereits Zweifel an ihrem „Wert" hat, dann kann bereits eine einzelne und geringe negative Erfahrung als Bestätigung des geringen Selbstwertes, ja des Unwertes des eigenen Lebens gesehen werden. In der Depression ist das Selbstwertempfinden der betroffenen Menschen besonders gestört. Es kommt dann sogar zu Selbstmordversuchen.

Sicher haben Menschen ganz unterschiedliche Techniken, mit Abwertungen umzugehen. Der eine mag eine dicke Haut haben und Abwertungen gar nicht bemerken. Ein anderer entwickelt die Tendenz, den eigenen Wert zu betonen, um abwertende Erfahrungen zu kompensieren. Einige Menschen sind durch ihre Erziehung selbstkritischer und andere weniger selbstkritisch geworden. Auf alle Fälle gibt es günstigere und weniger günstige Formen, mit Bewertungen und Abwertungen fertig zu werden: Es ist z. B. nützlich, die eigene Angst zu nutzen, um sich zu guten Leistungen zu motivieren. Und es ist sozial weniger günstig, zum „Aufschneider" zu werden, der letztlich dann von seiner sozialen Bezugsgruppe doch nur weiter abgewertet wird.

Dieses Buch soll nicht nur dazu beitragen, Bewertungsangst abzubauen oder zu vermindern, es soll auch dazu beitragen, die eigene Angst als eine Energie zu nutzen, also günstige Umgangsformen mit der eigenen Angst zu entwickeln. Die Angst, die sich bislang gegen ihren Besitzer wandte, soll zu einem nützlichen Helfer werden.

In welchen Situationen tritt Bewertungsangst auf?

In vielen Lebenssituationen kann es zu Bewertungsängsten kommen. Die hier folgenden Beispiele sollen nur exemplarisch den breiten Bereich von Alltagssituationen illustrieren, in denen Menschen mit Bewertungsangst zu kämpfen haben.

Prüfungen

- Examensprüfungen
- Abitur
- Meisterprüfungen
- Prüfungen zum Abschluß der Lehre
- Führerscheinprüfung
- Jagdscheinprüfung
- Unterrichtsbewertungen
- Bewertungsgespräch mit Vorgesetzten

Wettkämpfe

- Sportwettkämpfe
- Quiz im Fernsehen

Vorträge, Aufführungen

- Zu Bewerbungszwecken
- Bewerbungsgespräch
- Ansprachen bei Festen, Geburtstagen
- Unterricht geben
- Bei einer Aufführung nach vorne gebeten werden
- Musikaufführungen
- Theateraufführungen

Soziale Situationen

- Parties
- Begegnungen mit dem anderen Geschlecht
- Nach der eigenen Meinung gefragt werden
- Etwas umtauschen, sich beschweren müssen
- Allein zu einer Fortbildung reisen
- Anderen eigene Fotos zeigen
- Diskussionen, Gruppendiskussionen, z.B. Elternabende, Eigentümerversammlungen, Klubabende

Im Extremfall

- Einen Kunden im Geschäft bedienen
- Mit anderen Menschen sprechen

Wie häufig ist Bewertungsangst?

Pollard u. Henderson (1988) interviewten am Telefon je 250 zufällig ausgesuchte Frauen und Männer. Von dieser Stichprobe hatten etwa 22% soziale Angst in dem Sinne, daß sie Kritik in Gruppen fürchteten und entsprechende Begegnungen zu vermeiden suchten. In einer älteren Studie von Zimbardo bezeichneten sich 42% der Amerikaner als schüchtern.

Prüfungsangst ist ebenfalls außerordentlich häufig. Einige Zeit vor der Prüfung geben zwar nur etwa 10% der Kandidaten an, Prüfungsangst zu haben. Fragt man dagegen unmittelbar davor, so sind es mehr als 50% der Kandidaten, die unter recht extremer Prüfungsangst leiden.

Literatur

Pollard CA, Henderson JG (1988) Four types of social phobia in a community sample. Journal of Nervous and Mental Disease 176: 440–445

Zimbardo PG (1977) Shyness. Addison-Wesley, Reading, MA

3 Wie zeigt sich Bewertungsangst?

Symptome von Bewertungsangst

Angst ist normal im Leben der Menschen. Jeder scheint zu wissen, was die Angst mit einem macht, welche Veränderungen – auch große – Angst mit sich bringt. Daher liest man selten etwas über die Gefühle und körperlichen und geistigen Veränderungen, die Angst hervorruft. Begriffe wie Schüchternheit, Lampenfieber, Prüfungsangst lassen dabei eher an harmlose Angstformen mit milden Symptomen denken.

Tatsächlich ist die Symptomatik sehr vielfältig, und weil niemand sich und seine Veränderungen mit dem Spektrum des Möglichen vergleichen kann, sind seltenere und starke Angstsymptome sehr beunruhigend und verstärken die Angst. (Die Angst verstärkt sich aber auch selbst, weil viele Angstsymptome die Leistungsfähigkeit oder soziale Geschicklichkeit beeinträchtigen, damit Mißerfolge verursachen und so der Angst einen weiteren Grund geben.)

Wir haben in einem Seminar mit 33 Studierenden einmal gefragt, welche Folgen und Symptome von Prüfungsangst (Bewertungsangst) sie bei sich und bei anderen beobachtet haben. Dabei ist über ganz unterschiedliche und z.T. schwere Erscheinungen berichtet worden. Im folgenden haben wir die beobachteten Symptome einmal verschiedenen Verhaltenskategorien zugeordnet:

- *Symptome, die von anderen leicht bemerkt werden können (soziale Signale):* Erröten (am Hals erröten, roter Kopf, rote Flecken), Blässe, Schwitzen, Schweißausbrüche, kalte Hände.
- *Magen-Darm-Beschwerden:* Bauchschmerzen, Übelkeit, Durchfall, Erbrechen, auch tägliches Erbrechen, Bauchkrämpfe, Appetitlosigkeit.
- *Kreislaufbeschwerden:* Herzklopfen, Schwindel, Blässe, erhöhte Körpertemperatur, Fieber, Schüttelfrost, Herzflattern, Herzrasen, Schwächeanfall, kurze oder längere Ohnmacht, Bluthochdruck, niedriger Blutdruck.
- *Atmung:* Atembeschwerden.
- *Allgemeine Unruhe, Übererregung:* überbetontes Bewegen der Arme oder Hände, hektische Bewegungen, Fahrigkeit, Spielen mit Gegenständen, Zittern, Zittern am ganzen Körper, Rededrang, Augenlidzucken, Steifwerden, wie versteinert sein, zittrig unsicheres Gehen, Schwächegefühle, Herumtorkeln, Schlafstörungen.
- *Hautveränderungen:* Ausschlag, verstärkte Neurodermitis.
- *Stimmungsveränderungen:* Wut, Depressionen, Gefühl, in einem dunklen Tunnel zu sein, Weinen, Weinkrämpfe, Alpträume, unnatürliches Lachen.
- *Funktionsverluste:* keine Konzentrationsfähigkeit, körperliche Lähmungen, Schlaflosigkeit, Sprachverluste, nur noch langsam oder stotternd oder ohne gute Grammatik reden können, unzusammenhängend reden, Black-out, Erinnerungsverluste, nicht mehr lesen können, selbst einfachste Fragen nicht mehr beantworten können, veränderte Stimme, nur leise reden können, Pausen, verzögerte Reaktion, wie in Trance sein, Tagträume, Verwirrung.

- *Sozialverhalten:* überaggressiv, sozialer Rückzug, ständig über eigene Angst reden.

Diese Symptome traten gemeinsam oder vereinzelt auf. Jeder Organismus reagiert anscheinend etwas anders. Eine Person kann z.B. mit Bluthochdruck, eine andere mit zu niedrigem Blutdruck reagieren. Der eine wird wütend-aggressiv, der andere zieht sich deprimiert zurück. Individuelle Reaktionsbereitschaften und Schwachstellen werden nun bemerkbar. Es gibt nicht *die eine, festliegende* Angstsymptomatik.

Aus der psychotherapeutischen Praxis, in der ein Therapeut im Laufe der Jahre eine Bandbreite von Angstsymptomen beobachten kann, wird auch über extreme Folgen von Angst berichtet. Es gibt auch ganz einzigartige Folgen der Angst. Eine Klientin hatte in Prüfungssituationen vor Übererregung Orgasmen, eine andere erblindete vor sozialer Angst in Gruppen mit fremden Menschen. Einem Klienten lief der Angstschweiß in Tropfen von der Hand.

Meistens sind die Angstsymptome zwar milder, aber auch starke und verschiedenartige Symptome wie die hier genannten sind keineswegs selten. Die Angst vor der Angst ist also berechtigt. Aber die vielen Menschen, die solche schweren Beeinträchtigungen erlebt haben, haben die ihnen gestellten Anforderungen in der Regel bewältigt. Es hat zwar große Mühe und Selbstbeherrschung gekostet, doch sie sind zu den Prüfungen angetreten und haben sie bestanden, sie haben Referate und Vorträge gehalten.

Vielen wäre dies allerdings leichter gefallen, wenn sie gelernt hätten, die Angst zu beherrschen. Dazu soll dieses Buch im folgenden Hilfestellungen geben.

Allein schon wenn die Betroffenen gewußt hätten, wie häufig Angst zu schweren körperlichen und psychischen Veränderungen führt, hätten sie ihre Angst leichter ertragen können, denn sie hätten sich mit anderen ängstlichen Menschen verbunden gefühlt und nicht fürchten müssen, als einziger mit schweren Beeinträchtigungen zu kämpfen, die einen Erfolg verhindern.

Fallbeispiele

Die vier folgenden Fälle sind Beispiele von starken Ängsten, in denen professionelle Hilfe in Anspruch genommen wurde. Wenn Sie unter Angstsymptomen leiden, sollen diese Beispiele Sie ermutigen, Ihr Problem anzugehen.

Auch wenn die dargestellten Fälle aus der Praxis des Psychotherapeuten kommen, blieb die Bewältigung der Angst Aufgabe und Leistung der Betroffenen selbst: Eine Psychotherapie kann nur Hilfe zur Selbsthilfe sein. Die Prinzipien, nach denen die Betroffenen ihre Ängste bewältigen lernten, werden in den folgenden Kapiteln erläutert.

Herr G. L., 24 Jahre

Der 24 Jahre alte G. L., ein außerordentlich sympathischer und sozial engagierter Mann, wollte gern Medizin studieren, um später seinen Traumberuf Arzt ausüben zu können. G. L. hatte sich schon über Jahre hinweg für medizinische Fragen interessiert, eine Sanitäterausbildung beim Roten Kreuz absolviert und mit großem Einsatz und Erfolg ehrenamtlich im medizinischen Rettungsdienst mitgearbeitet. Die Ärzte, mit denen er zusammenarbeitete, waren beeindruckt von seinem medizinischen Wissen, seinen praktischen Fähigkeiten und seinem Einfühlungsvermögen im Umgang mit Patienten in den Noteinsätzen. Er wurde sogar mit Ausbildungsaufgaben betraut und konnte dabei erfolgreich vor Gruppen sprechen und praktische Übungen durchführen und demonstrieren. Wegen seines Könnens und seines Engagements bot sich ihm die Chance, einen weiterqualifizierenden Kurs zu besuchen, der dann mit einer Prüfung

abschloß. Obwohl die Inhalte der Abschlußprüfung nicht wesentlich über das Wissen hinausreichten, das Herr L. als Ausbilder selbst lehrte, reagierte er extrem auf die Prüfungssituation. Sein Blutdruck schnellte so in die Höhe, daß ein Äderchen im Auge platzt. Der prüfende Arzt erkannte die extreme körperliche Reaktion und schätzte sie als so bedrohlich für Herrn L. ein, daß er die Prüfung aus Sorge um die Gesundheit des Prüflings abbrach. Dies war nur ein Beispiel aus einer langen persönlichen Geschichte von Prüfungsängsten, die weit in die Schulzeit von Herrn L. zurückreicht.
Um zum Medizinstudium zugelassen zu werden, nahm Herr L. an dem sog. Medizinertest teil. Bei einem solchen Test ist es praktisch unmöglich, daß ein Prüfungskandidat alle Aufgaben richtig löst. Als er die erste Aufgabe nicht lösen konnte, geriet Herr L. wieder so in Panik, daß er nicht mehr weiterarbeiten konnte und deshalb das Leistungsziel verfehlte. Vor der Wiederholung dieser Prüfung hatte er nun erhebliche Angst, vor allem weil ein nochmaliges Versagen für ihn bedeutete, daß es für ihn keine Chance mehr gab, seinen Lebensplan als Arzt zu realisieren.
Nachdem er gelernt hatte, sich systematisch zu entspannen (s. Kap. 5) und in der Vorstellung eingeübt hatte, die schwierigen Situationen in der Wiederholungsprüfung zu bewältigen, war er dann im Ernstfall in der Lage, die Testaufgaben konzentriert zu bearbeiten.

Herr S., 30 Jahre

Herr S., ein bisher sehr erfolgreicher Mann im Alter von etwa 30 Jahren, erlebte am Beginn eines für ihn sehr wichtigen Ausbildungskurses plötzlich massive Angstanfälle. Er konnte nicht mehr schlafen, sich nicht konzentrieren, litt unter Schweißausbrüchen und Zittern am ganzen Körper. Obwohl er seit Jahren gezielt auf die Teilnahme an diesem Kurs hingearbeitet hat, erwog er, die Ausbildung abzubrechen. Für ihn stand viel auf dem Spiel, weil der erfolgreiche Abschluß des Kurses die notwendige Bedingung für das Erreichen einer Spitzenposition in der Wirtschaft ist. Im Gespräch mit einem Psychotherapeuten stellte sich durch zirkuläres Befragen (s. S.108) heraus, daß der Vater von Herrn S. in seinem Leben sehr viel gearbeitet hatte und jetzt als Folge dieser lebenslangen Überlastung schwer erkrankt war. Er hatte nun die Sorge, daß es seinem Sohn, wenn er die Spitzenposition erreichen und viel Geld verdienen würde, ebenso wie ihm ergehen könnte. Herr S. hatte nun die Sorge seines Vaters als folgende Botschaft verstanden: „Wenn du Erfolg hast, wirst du so krank wie ich." Verschiedene therapeutische Maßnahmen, u.a. die Symbolisierung der liebevollen Anteilnahme des Vaters als Stein, den der Sohn mit sich tragen konnte, sowie die Erkenntnis, daß das Schicksal des Vaters nicht gleichbedeutend mit seinem eigenen Lebensweg sein muß, führten zu einer Besserung der Angstsymptome. Als Herr S. den Psychotherapeuten nach einem Jahr, am Tage vor der Abschlußprüfung zufällig trifft, bedankt er sich für das vor einem Jahr geführte Gespräch und schenkt ihm den Stein mit den Worten: „Jetzt brauche ich ihn nicht mehr."

Frau P., 50 Jahre

Die charmante etwa 50 Jahre alte geschiedene Frau P. wünschte sich einen Lebenspartner. Wenn sie einen Mann kennenlernte, der ihr gefiel, lief bei ihr ein „inneres Tonband" ab, auf dem sie sich sagte, sie sei unattraktiv, ihr würde im Gespräch nichts einfallen, sie würde nur dummes Zeug reden, verlegen werden und sich blamieren. Dies führte schließlich dazu, daß Frau P. Kontakte mit Männern vermied, sich mehr und mehr für unattraktiv hielt und ihre sozialen Kontakte aus Furcht vor Mißerfolgen immer stärker einschränkte. Die in der Therapie humorvoll erarbeitete Aufgabe, bei der nächsten Einladung (wenn ihr dort ein Mann gefallen würde) sich selbst in übertriebener Weise zu sagen, wie unendlich dumm sie sei und wie schrecklich sie jeder Mann finden müsse, führte zu der verblüffenden Erfahrung: „Ich habe die Aufgabe nicht durchgeführt, ich habe mich nicht dumm gefühlt und mich ganz interessant mit einem sehr netten Mann unterhalten."

Herr A., 45 Jahre

Herr A., in leitender Position tätig, schiebt schwierige Aufgaben und Entscheidungen im Beruf jeden Morgen vor sich her. In der ausgedehnten Mittagspause trinkt er regelmäßig erhebliche Mengen Alkohol. Erst danach hat er den Mut, schwerwiegendere Entscheidungen zu fällen. Hier war wegen der Suchtproblematik eine längere psychotherapeutische Behandlung notwendig (s. Kap. 8).

Manchmal ist es angebracht, bei Ängsten einen Fachmann zuratezuziehen. Dies wird besonders bei sehr starken, lange bestehenden und das Leben massiv einschränkenden oder behindernden Ängsten der Fall sein. Bei der Mehrzahl der Ängste aber, die im alltäglichen Leben auftreten, können die in den folgenden Kapiteln beschriebenen Maßnahmen zum Erfolg führen. Kriterien für Ihre Entscheidung, Ihre Ängste selbst anzugehen oder einen Fachmann (Psychotherapeut, Arzt) in Anspruch zu nehmen, finden Sie im folgenden Abschnitt.

Selbsteinschätzung, Selbstdiagnose

Da wir uns (glücklicherweise) relativ selten in Bewertungsituationen befinden und außerdem die Tendenz besteht, über unangenehme Gefühle nicht zu sprechen, sind sich viele Menschen unsicher über die Angemessenheit ihrer Empfindungen. Wir wollen Ihnen deshalb die Möglichkeit geben, sich selbst hinsichtlich Ihrer Angst einzuschätzen.

Wir unterscheiden die *Art* der Angst (also das wovor man Angst hat) und die *Intensität* der Angst. Der Inhalt dieses Buches bezieht sich auf Angst in Situationen, in denen sich Menschen bewertet fühlen. Dies bedeutet, daß die Betroffenen in der Regel soziale Situationen (z.B. Prüfungen, Parties, Sprechen in der Öffentlichkeit usw.) benennen können, vor denen sie sich fürchten. Wie wir bereits im vorherigen Kapitel beschrieben haben, sind die Reaktionen auf solche Situationen individuell sehr verschieden. Die Notwendigkeit, etwas gegen diese Ängste zu unternehmen, hängt von der Häufigkeit, der Intensität und vor allem von dem Ausmaß der Einschränkungen, Behinderungen oder Nachteile ab, die diese Ängste mit sich bringen.

Subjektive Einschätzung der Angst

Prüfen Sie bitte, ob die folgenden Aussagen auf Sie zutreffen:

- Ich habe den Eindruck, daß ich vor bzw. in Bewertungssituationen aufgeregter als andere Menschen in der gleichen Situation bin.
- Ich habe den Eindruck, daß meine Reaktionen vor (in) Bewertungssituationen so stark sind, daß sie den Erfolg beeinträchtigen oder verhindern (z.B. schlechtere Leistungen in Prüfungen, nicht gut ankommen in sozialen Situationen, eigene Ideen in Gruppen nicht vertreten können).
- Meine Angst hindert mich daran, mich gezielt auf kritische Situationen vorzubereiten (z.B. Konzentrationsprobleme beim Lernen vor Prüfungen).
- Aus Angst vermeide ich die kritischen Situationen, verschiebe Prüfungen, bewerbe mich gar nicht erst, gehe nicht mehr auf Parties usw.
- Ich habe bemerkt, daß ich bestimmte kritische Situationen leichter bewältige, wenn ich Alkohol getrunken oder ein Beruhigungsmittel eingenommen habe.
- Wenn ich an eine bevorstehende Bewertungssituation denke, bekomme ich Angst, daß dann meine Angst auftreten wird.
- Ich erlebe meine Angst vor (in) solchen Situationen als so belastend oder unangenehm, daß ich bereit bin, einige Zeit und Mühe aufzuwenden, um dieses unangenehme Gefühl mit seinen körperlichen Begleiterscheinungen zu verringern.

Wenn Sie eine oder mehrere der Fragen mit ja beantwortet haben, dann sollten Sie die Anregungen aus den folgenden Abschnitten nutzen. Entscheidend dafür ist vor allem Ihre persönliche Einschätzung und weniger die Meinung anderer, seien es Freunde oder auch Fachleute. *Körperliche Symptome sollten Sie aber auf jeden Fall auch vom Arzt abklären lassen.*

Tests und Fragebögen bieten die Möglichkeit, sich objektiv mit anderen Menschen zu vergleichen. Dieser Vergleich kann auch eine Entscheidungshilfe für Sie sein – z.B. ihre Ängste anzugehen bzw. sie zu relativieren und als normal zu akzeptieren. (Wichtiger als dieser Vergleich sind jedoch Ihre Antworten auf die vorangegangenen Fragen.)

Wenn Sie sich also hinsichtlich Ihrer Angst vor Bewertungssituationen mit anderen Personen vergleichen möchten, dann können Sie den folgenden Fragebogen ausfüllen und Ihre Punktzahlen mit den Werten einer großen Gruppe von Studierenden vergleichen.

Fragebogen zur Bewertungsangst

Lesen Sie die folgenden Aussagen und kreuzen Sie – ohne lange zu überlegen – die Ziffer an, die nach eigener Einschätzung für Sie zutrifft.

Prüfungen

Vor Prüfungen bin ich gewöhnlich nervös, ängstlich und besorgt.

sehr stark 1 2 3 4 5 6 7 8 9 gar nicht

Diese Angst zeigt sich auch in körperlichen Symptomen.

sehr stark 1 2 3 4 5 6 7 8 9 gar nicht

Diese Angst beeinträchtigt meine Vorbereitung.

sehr stark 1 2 3 4 5 6 7 8 9 gar nicht

Diese Angst beeinträchtigt meine Prüfungsleistungen.

sehr stark 1 2 3 4 5 6 7 8 9 gar nicht

Vorträge

Vor Vorträgen bin ich gewöhnlich nervös, ängstlich und besorgt.

sehr stark 1 2 3 4 5 6 7 8 9 **gar nicht**

Diese Angst zeigt sich auch in körperlichen Symptomen.

sehr stark 1 2 3 4 5 6 7 8 9 **gar nicht**

Diese Angst beeinträchtigt meine Vorbereitung auf den Vortrag.

sehr stark 1 2 3 4 5 6 7 8 9 **gar nicht**

Diese Angst beeinträchtigt meine Leistung bei dem Vortrag.

sehr stark 1 2 3 4 5 6 7 8 9 **gar nicht**

In Menschengruppen, die mir fremd sind

In fremden sozialen Gruppen bin ich gewöhnlich nervös, ängstlich und besorgt.

sehr stark 1 2 3 4 5 6 7 8 9 **gar nicht**

Diese Angst zeigt sich auch in körperlichen Symptomen.

sehr stark 1 2 3 4 5 6 7 8 9 **gar nicht**

Diese Angst beeinträchtigt mein Auftreten in fremden Gruppen.

sehr stark 1 2 3 4 5 6 7 8 9 **gar nicht**

Diese Angst hindert mich daran, in fremden Gruppen zu sprechen.

sehr stark 1 2 3 4 5 6 7 8 9 **gar nicht**

Im Oktober 1996 stellten wir diese Fragen 328 Studierenden der Universität Köln. Die Gruppe bestand zu 77,4% aus Frauen und 22,6% aus Männern.

Die Ergebnisse zu jeder Frage können Sie Tabelle 1 entnehmen. Da sich die Antworten nach der Geschlechtszugehörigkeit unterschieden, geben wir die Werte getrennt nach Frauen (w) und Männern (m) an.

Tabelle 1. Bewertungsangst bei 328 Studierenden der Universität Köln

Prüfungen

Vor Prüfungen bin ich gewöhnlich nervös, ängstlich und besorgt.

Prozentrang	w		27,9	47,6	61,0	80,7	89,4	97,7	100	
	m		10,8	37,8	51,3	72,9	82,4	98,6	100	
Intensität		1	2	3	4	5	6	7	8	9

Diese Angst zeigt sich auch in körperlichen Symptomen.

Prozentrang	w		11,0	23,2	37,4	51,2	59,5	76,8	94,9	100
	m		5,0	25,7	39,2	48,7	60,9	73,1	96,0	100
Intensität		1	2	3	4	5	6	7	8	9

Diese Angst beeinträchtigt meine Vorbereitung.

Prozentrang	w		5,1	9,0	18,5	31,9	42,9	63,0	82,3	100
	m		14,9	17,6	32,5	43,3	60,9	83,8	100	
Intensität		1	2	3	4	5	6	7	8	9

Diese Angst beeinträchtigt meine Prüfungsleistungen.

Prozentrang	w		7,9	18,9	29,5	46,0	53,9	71,2	91,7	100
	m		5,3	13,4	28,3	45,9	63,5	75,7	91,9	100
Intensität		1	2	3	4	5	6	7	8	9

Vorträge

Vor Vorträgen bin ich gewöhnlich nervös, ängstlich und besorgt.

Prozentrang	w		44,5	62,2	74,0	81,5	86,2	94,9	98,0	100
	m		24,3	50,0	72,9	78,3	82,4	95,9	100	
Intensität		1	2	3	4	5	6	7	8	9

Diese Angst zeigt sich auch in körperlichen Symptomen.

Prozentrang	w		20,8	38,9	52,7	65,3	74,0	81,9	94,9	100
	m		12,2	27,1	47,4	67,7	74,4	81,1	97,3	100
Intensität		1	2	3	4	5	6	7	8	9

Diese Angst beeinträchtigt meine Vorbereitung auf den Vortrag.

Prozentrang	w		5,5	9,8	20,1	31,0	41,6	58,2	80,3	100
	m		–	–	18,9	37,9	47,4	61,0	75,7	100
Intensität		1	2	3	4	5	6	7	8	9

Diese Angst beeinträchtigt meine Leistung bei dem Vortrag.

Prozentrang	w		16,1	35,0	52,7	66,5	75,6	87,0	94,9	100
	m		–	25,7	44,6	56,8	73,0	78,4	93,3	100
Intensität		1	2	3	4	5	6	7	8	9

In Menschengruppen, die mir fremd sind

In fremden sozialen Gruppen bin ich gewöhnlich nervös, ängstlich und besorgt.

Prozentrang	w		5,5	11,0	24,8	40,2	49,5	68,5	91,7	100
	m		–	12,1	28,3	41,3	45,9	68,9	91,9	100
Intensität		1	2	3	4	5	6	7	8	9

Diese Angst zeigt sich auch in körperlichen Symptomen.

Prozentrang	w		1,6	5,5	10,6	17,7	33,6	36,6	69,7	100
	m		–	4,1	10,8	17,8	28,6	48,6	77,0	100
Intensität		1	2	3	4	5	6	7	8	9

Diese Angst beeinträchtigt mein Auftreten in fremden Gruppen.

Prozentrang	w		5,9	17,3	25,6	36,2	44,9	62,6	88,6	100
	m		8,1	17,5	28,3	39,1	51,3	68,9	87,8	100
Intensität		1	2	3	4	5	6	7	8	9

Diese Angst hindert mich daran, in fremden Gruppen zu sprechen.

Prozentrang	w		11,0	19,3	28,4	38,2	47,3	63,8	85,8	100
	m		–	16,2	24,3	39,2	45,9	66,2	85,1	100
Intensität		1	2	3	4	5	6	7	8	9

Über die Ziffern 1–9 haben wir jeweils den Prozentrang eingetragen, den die Befragten, die eine entsprechende Zahl angekreuzt haben, in ihrer Gruppe einnehmen. Ein Prozentrang von 70 bedeutet z.B., daß sich 70% der Befragten bezüglich dieser Frage genauso oder stärker ängstlich eingeschätzt haben.

Wenn Sie sich nun selbst einschätzen möchten, können Sie in Tabelle 1 bei den einzelnen Fragen jeweils in der Zeile für die Intensität die von Ihnen gewählte Zahl ankreuzen. Im Feld darüber können Sie dann Ihren Prozentrang ablesen.

Wenn Sie z.B. weiblich sind und bei der ersten Frage die Ziffer 6 angekreuzt haben, lesen Sie darüber den Prozentrang 89,4 ab. Dieser Prozentrang sagt aus, daß sich 89,4% der befragten Frauen vor Prüfungen stärker oder gleich nervös und ängstlich eingeschätzt haben.

10,6% schätzten sich weniger nervös, ängstlich und besorgt ein.

Wenn Sie sich mit den Ergebnissen dieser Befragung vergleichen, berücksichtigen Sie, daß die Vergleichsgruppe überwiegend junge Erwachsene im Studium sind. In anderen Gruppen werden die Antworten vermutlich nur wenig anders ausfallen, dies wurde von uns aber nicht überprüft.

Wir sind der Überzeugung, daß die Mehrzahl der Leser aus der Befolgung der Strategien, die wir in diesem Buch vorschlagen, Nutzen ziehen und zumindest eine Besserung ihrer Symptome und damit mehr Lebenserfolg und Lebenszufriedenheit erzielen kann. Dies kann manchmal relativ schnell erreicht werden. Für viele der beschriebenen Maßnahmen brauchen Sie allerdings auch etwas Geduld und Ausdauer.

Hier gilt das, was die folgende Anekdote witzig hervorhebt:
Ein junger Mann mit einem Geigenkasten unter dem Arm irrt durch Berlin. Etwas ungeduldig und eilig fragt er einen alten Mann, der gemütlich in der Sonne auf einer Bank sitzt: „Wie komme ich zur Philharmonie?" Der alte Mann blinzelt in die Sonne, blickt ihn dann in aller Ruhe an, schaut auf den Geigenkasten und antwortet: „Üben, üben, üben!"

Ängste, die von Fachleuten behandelt werden sollten

Ob die Hilfen, die unser Buch anbietet, für Sie geeignet sind, können Sie noch einmal überprüfen, indem Sie die Bewertungsängste abgrenzen von anderen, z.T. ähnlichen Angstsymptomen.

Generalisiertes Angstsyndrom

Dabei handelt es sich um irrationale Angstgefühle, die die Betroffenen nicht auf einen bestimmten Auslöser (Situation) zurückführen können.

Herr V., 25 Jahre

Herr V., ein junger Elektriker, klagt über Schwindelgefühle, Herzklopfen, feuchte Hände und Klingeln in den Ohren. Er fühlt sich gereizt, zittrig, ständig angespannt und ist ununterbrochen ängstlich, daß etwas Unbestimmtes, Schreckliches passieren könnte. Sorgfältige ärztliche Untersuchungen bleiben ohne Befund. Es ist ihm gelungen, seine Symptome seit zwei Jahren vor seiner Familie und seinen Arbeitskollegen zu verbergen, obwohl er sich einige Male so schlecht fühlte, daß er den Arbeitsplatz verlassen mußte. Das Schlimme an seiner Situation ist, daß er für seine Ängste keine Ursache finden kann. Damit kann er sie auch nicht vermeiden.

Paniksyndrom

Ohne erkennbaren Grund kann die Angst sich intensivieren und zu für die Betroffenen schrecklichen Panikattacken führen. Diese Anfälle extremer Angst halten in der Regel nur einige Minuten an. Sie treten meist mehrmals pro Woche völlig unerwartet auf und sind gekennzeichnet durch Gefühle wie Schmerzen in der Brust, Atemnot, Erstickungs- und Würgegefühle, Übelkeit, Herzklopfen, Schwitzen, Taubheit und die Furcht, zu sterben oder verrückt zu werden. Die Symptome ähneln den Reaktionen, die Menschen in lebensbedrohlichen Situationen zeigen. Für die Betroffenen sind diese Attacken so furchtbar, daß sie häufig die Situationen vermeiden, in denen sie aufgetreten sind.

Zwangssyndrom

Die meisten Menschen sind gelegentlich von offensichtlich sinnlosen und manchmal peinlichen oder beunruhigenden Gedanken, die sie nicht loswerden können, besetzt. Viele Menschen mit einem Zwangssyndrom verhalten sich auch starr und zwanghaft, kontrollieren z.B. mehrfach, ob die Tür wirklich verschlossen und der Herd ausgeschaltet ist, legen Bleistifte und Kugelschreiber in eine ganz bestimmte Ordnung nebeneinander, bevor sie mit der Arbeit beginnen, oder fragen ihre(n) Partner(in) immer wieder, ob er (sie) sie wirklich liebt.

Diese zwanghaften Gedanken und Verhaltensweisen werden zu Störungen, wenn sie schließlich so stark sind, daß sie das Alltagsleben erheblich beeinflussen, so z.B. wenn der Betroffene 30 Minuten und mehr benötigt, um alle Kontrollen durchzuführen, bevor er das Haus verlassen kann, oder seine Hände so häufig wäscht, daß sich die Haut entzündet.

Ein Unterlassen der Zwangshandlungen hat massives Angsterleben zur Folge; ihre Ausführung reduziert die Angst. Aus diesem Grund zählen die Zwänge zu den Angststörungen.

Posttraumatische Belastungsreaktionen

Dies sind Ängste und körperliche Beschwerden, die nach schrecklichen Ereignissen wie Naturkatastrophen, Folter, Vergewaltigung, Unfällen, Kriegserlebnissen usw. auftreten können. Die Betroffenen leiden noch Jahre später unter Depressionen, nächtlichen Alpträumen, Ängsten und plötzlich auftretenden bildhaften Erinnerungen an die grausamen Erfahrungen. Sie sind schnell gereizt, schlafen schlecht, ziehen sich sozial zurück und bekämpfen ihre Ängste häufig mit Alkohol und anderen Drogen. In den 7 Monaten nach dem Ausbruch des Vulkans Mount Saint Helens im Staat Washington im Jahr 1980 stieg die Inanspruchnahme der Notfallstation wegen verschiedenster Angstsymptome im benachbarten Ort Othello um 34% gegenüber dem Vorjahreszeitraum an, die psychosomatischen Beschwerden in der örtlichen Klinik verdoppelten sich, und die Sterberate erhöhte sich um 19% (Adams u. Adams 1984).

Affektive Störungen: Depression

Charakteristisch für diese Störung ist eine tiefe depressive Verstimmung, die in der Regel von Angstgefühlen begleitet ist. Die Betroffenen fühlen sich müde, erschöpft, leiden unter Schlafstörungen, erleben sich freudlos, hoffnungslos und entscheidungsunfähig. Erst wenn dieser Zustand, den fast alle Menschen zeitweise erleben, mindestens 2 Jahre angedauert hat, spricht man von Depression. Trotz dieser Symptome halten diese Personen die Alltagsfunktionen aufrecht, z.B. können sie ihrem Beruf nachgehen, und nehmen die Welt relativ richtig und unverzerrt wahr.

Bei der psychotischen Depression dagegen verliert der Betroffene den Kontakt zur Realität, leidet unter wahnhaften Zwangsvorstellungen, z.B. daß seine Eingeweide verfaulen und voller Insekten sind.

Bei all diesen Störungen ist Besserung oder vollständige Heilung möglich. Hier ist der einzelne jedoch in der Regel überfordert, und wir raten dringend, einen Psychotherapeuten oder, insbesondere bei der psychotischen Depression, einen Arzt aufzusuchen.

Die Komponenten von Angst: Emotion, Kognition, Verhalten

Stellen Sie sich einmal vor, Ihr Abteilungsleiter kommt auf Sie zu und bittet Sie, in einer Woche einen Vortrag von 30 Minuten über Ihr Arbeitsgebiet zu halten. Ihre Zuhörer werden 3 Kolleginnen aus Ihrer Abteilung, der Abteilungsleiter, die Leiter von 2 anderen Abteilungen und ein Mitglied der Geschäftsleitung sein. Sie wissen, daß in Ihrer Firma Rationalisierungsmaßnahmen geplant sind und daß Ihre berufliche Karriere unter anderem von Ihrem Erfolg bei diesem Vortrag abhängt. Wenn Sie sich in diese Situation einfühlen, dann werden Sie sicher bereits bei der Vorstellung – natürlich in abgeschwächter Form – Angstgefühle entwickeln.

Diese Situation zeigt die typischen Auslöser von Bewertungsangst: Ablauf und Ergebnis der Situation, in der man sich dem Urteil anderer aussetzt, sind nicht vollständig kontrollierbar und das Ergebnis ist von erheblicher subjektiver Bedeutung für den Betroffenen.

Die Angst läßt sich bei genauerer Betrachtung in die Komponenten *Emotion* (physiologische Reaktionen), *Kognition* (Angstgedanken) und spezifische *Verhaltensweisen* untergliedern.

Der Körper reagiert mit allgemeiner Aktivierung: Das Herz schlägt schneller, die Atmung wird beschleunigt, es kommt zu Muskelanspannung, Ausschüttung von Hormonen, Harn- und Stuhldrang, Druckgefühlen im Magen, Kloß im Hals, Mundtrockenheit usw. Diese Reaktionen können, wie Sie aus der Darstellung unserer Befragungen in Tabelle 1 bereits erfahren haben, sehr unterschiedlich ausfallen und sehr belastend sein. Generell läßt sich sagen, daß sich diese Reaktionen an den „schwächsten Organen“ am deutlichsten zeigen.

Die physiologischen Reaktionen allein machen die Angst jedoch nicht aus. Bei Freude oder in anderen aufregenden Situationen reagiert der Körper z.T. ähnlich. Die *Intensität* des Gefühls hängt eng mit der Heftigkeit der körperlichen Reaktionen zusammen; die *Art* des erlebten Gefühls wird stark mitbestimmt durch die es begleitenden *Gedanken*. Sie werden nach der Aufforderung Ihres Abteilungsleiters vielleicht ein „inneres Selbstgespräch" führen und sich sagen: „Ich weiß gar nicht, was ich dort sagen soll. Schon in der Schule habe ich erlebt, daß mir plötzlich nichts mehr einfiel. Der Abteilungsleiter hat mir diese Aufgabe wahrscheinlich nur übertragen, weil er mich blamieren will. Ich werde das nie schaffen." Solche Gedanken verstärken ihrerseits die körperlichen Reaktionen.

Die unangenehmen Körpergefühle und die negativen Gedanken und Selbstgespräche können sich dann auf das *Verhalten* auswirken.

Wenn Sie nicht gelernt haben, mit solchen Situationen umzugehen, kann es sein, daß die negativen Gedanken Sie bei der Vorbereitung so behindern, daß Ihnen tatsächlich kein gutes Konzept für den Vortrag einfällt. Vielleicht schieben Sie dann die Vorbereitung vor sich her und lenken sich von der Aufgabe ab, indem Sie „wichtigere" Sachen erledigen. Vielleicht fühlen Sie sich körperlich auch so schlecht, daß Sie den Abteilungsleiter bitten müssen, die Aufgabe einer anderen Mitarbeiterin zu übertragen, oder Sie gehen zum Arzt und lassen sich krank schreiben.

Wenn Sie dagegen gelernt haben, solche Bewertungssituationen zu meistern, kann es natürlich auch sein, daß Sie den Vortrag als positive Herausforderung erleben und sich zügig an die Arbeit machen.

Menschen in Angstsituationen erleben die Angst als komplexes und diffuses Geschehen und können (bzw.

müssen) Emotion, Kognition und Verhalten nicht unterscheiden. Macht man sich diese unterschiedlichen Komponenten aber bewußt, lernt man, die Angst besser zu verstehen, und gezielte Strategien zur Angstbewältigung zu entwickeln. Manche Menschen reagieren sehr stark körperlich, hier wären dann Maßnahmen auf der physiologischen Ebene, wie z. B. das Erlernen einer Entspannungsmethode, besonders wichtig. Andere Betroffene machen sich sehr viele negative Gedanken und müssen dann lernen, sich selbst positiver zu sehen und sich von solchen Gedanken nicht so stark beeinträchtigen zu lassen. Dann gibt es Menschen, die in Angstsituationen Vermeidungsverhalten zeigen oder denen tatsächlich die Fähigkeiten oder Kenntnisse fehlen, um die gestellten Aufgaben zu erledigen. Hier wäre ein Training zum Aufbau geeigneten Verhaltens angebracht.

Viele der Bewältigungsstrategien, die wir in den folgenden Kapiteln vorschlagen, berücksichtigen alle drei Ebenen – Emotion, Kognition und Verhalten. Tatsächlich führt eine Veränderung eines Bereichs fast immer auch zu Veränderungen auf den anderen Ebenen: Wenn Sie gelernt haben, Ihre negativen Gedanken zu stoppen und sich z.B. zu sagen „Ich habe das nötige Wissen und ich werde Erfolg haben“, werden Sie weniger unangenehme Körperreaktionen erfahren und die Aufgabe zuversichtlicher und konzentrierter in Angriff nehmen.

Änderungsmotivation

Wenn Sie nach Ihrer Selbsteinschätzung und der Abgrenzung gegenüber anderen Angstformen zu den Menschen zählen, die Probleme mit Bewertungssituationen haben, dann fragen Sie sich jetzt einmal, ob Sie bereit sind, dies zu verändern. Eine der größten Schwierigkeiten bei der Selbstveränderung liegt darin begründet, daß viele Menschen, die sich in ungünstigen Lebenssituationen befinden, paradoxerweise dazu neigen, den Ist-Zustand gegenüber der Veränderung zu bevorzugen. Der Grund dafür liegt nicht etwa – wie so oft gesagt wird – in der Bequemlichkeit. Im Gegenteil, es ist oft beeindruckend, wieviel Energie Menschen aufbringen, um einen Zustand beizubehalten, unter dem sie leiden. Eine schlechte Partnerbeziehung über viele Jahre aufrecht zu erhalten kostet unendlich viel mehr Energie als der konsequente Versuch, die Beziehung zu verbessern, oder auch, wenn dies nicht möglich ist, sich zu trennen. Ähnliches läßt sich bei vielen psychosomatischen Beschwerden oder Ängsten beobachten.

Oft scheint es, als ob eine Veränderung, von der man ja nicht genau weiß, wie sie sich längerfristig auf das Leben auswirkt, mehr Angst macht als die aktuellen Beschwerden. Das Neue, Unbekannte ängstigt; lieber bleibt man beim alten Zustand, auch wenn dieser noch so belastend ist – aber er ist zumindest vertraut.

Es gibt zwei Gründe, sich zu verändern: *Druck* und *Zug*. Psychotherapieklienten kommen häufig mit dem Wunsch nach Veränderung, weil sie unter erheblichem Leidensdruck stehen. Dieser Druck unterstützt oft die Bereitschaft, sich um notwendige Veränderungen zu bemühen. Über den Zugewinn von positiven Erfahrungen (Zug) als Folge der Veränderung denken sie dann meist noch gar nicht nach.

Zug und Druck können auch in einem komplizierteren Zusammenhang stehen. Ein Klient, der unter Angst vor geschlossenen Räumen leidet, möchte diese Angst nicht mehr erleben (Druck). Wenn die Angst nicht mehr da ist, kann er sein Leben viel fröhlicher gestalten: Er kann wieder ausgehen, Freunde treffen, reisen, Sport treiben, eine anspruchsvollere berufliche Stellung bekommen (Zug). Es mag jedoch auch sein, daß er sich nicht sicher ist, ob er diese anspruchsvolle Position auch erfolgreich ausfüllen könnte. Vor sich selbst begründet er sein berufliches Stagnieren mit seiner Angst: Die neue Stellung könnte es ja beispielsweise erforderlich machen, öffentliche Verkehrsmittel zu benutzen. So schützt ihn die Angst vor der Einsicht, daß er nicht so kompetent ist, wie er vielleicht sein möchte, und der damit verbundenen Verletzung seines Selbstwertgefühls, allerdings auf Kosten der Lebensfreude und Zufriedenheit. Zugleich hindert die Angst ihn, nach anderen Möglichkeiten der Stärkung des Selbstwertgefühls Ausschau zu halten und darauf hinzuarbeiten.

Überprüfung Ihrer Änderungsmotivation

Stellen Sie sich die folgenden Fragen und notieren Sie Ihre Antworten auf einem Blatt Papier:

- Worunter leide ich? Welche konkreten Symptome machen mir zu schaffen? (Druck)
- Was würde ich anders *tun*, wenn die Symptome nicht mehr da wären? Welche positiven Veränderungen würde eine Besserung meiner Probleme nach sich ziehen? (Zug)
- Gäbe es auch negative Auswirkungen, wenn die Symptome nicht mehr da wären? Welche?

Übung

Legen Sie sich hin oder setzen Sie sich in einen bequemen Stuhl und stellen Sie sich möglichst konkret (wie einen vor Ihrem geistigen Auge ablaufenden Film) vor, wie Sie die positiven Verhaltensweisen erfolgreich ausführen, die Sie zur Frage nach dem *Zug* notiert haben.

Genießen Sie diese inneren Bilder und Phantasien, in denen Sie sich interessiert, begeistert und erfolgreich sehen, wie Sie neue Erkenntnisse gewinnen, wie Sie dieses Wissen zur Lösung von Problemen im Alltag oder in Prüfungen einsetzen, wie Sie vielleicht andere Menschen mit Ihrem veränderten Verhalten beeindrucken oder es in finanzielle Erfolge umsetzen.

Nehmen Sie sich häufig (möglichst täglich) einige Minuten Zeit und malen Sie sich bildhaft aus, was sich in Ihrem Leben alles verändert haben wird, wenn es Ihnen gelungen ist, mehr Freude und Erfolg zu haben.

Vielleicht können Sie bald feststellen, daß es Ihnen so geht wie der Psychotherapieklientin, die nach solchen Übungen verwundert berichtete, daß sie aufrechter durch die Straßen in Köln ging, die Menschen direkter und offener anblickte, freier atmete und im Café leichter und locker mit anderen ins Gespräch kam.

Führen Sie die Übung regelmäßig durch, das motiviert Sie auch später noch, wenn manche Veränderungen nicht so schnell eintreten sollten, wie Sie sich das wünschen.

Haben Sie Lust am Experimentieren bekommen und möchten Sie, daß sich Ihr Leben positiv verändert? Dann lesen Sie die folgenden Kapitel! Viele Menschen sind verzweifelt und glauben nicht an die Möglichkeiten, sich zu verändern. Doch Veränderungen sind möglich! Sie erfordern allerdings häufig etwas Anstrengung und Ausdauer.

Verzagten Menschen, die viele Mißerfolge hatten und nicht mehr an eine positive Wendung glauben, erzählen wir gern die folgende Begebenheit:

Vor einigen Jahren ging eine sensationelle Geschichte durch die Presse: In Kanada war ein neunjähriges Mädchen mit einem sehr alten Boot hinaus auf einen großen See gerudert. Dabei hatte es die Strömungs- und Windverhältnisse unterschätzt und war weit vom Ufer abgetrieben worden. Ganz weit draußen, außer Seh- und Hörweite vom Land, war das Boot vollgeschlagen und gesunken. Das Mädchen schaffte es, zur Verblüffung und zum Erstaunen aller Fachleute und Rettungskräfte, bis zum Ufer zurückzuschwimmen. Dort wurde es, zwar entkräftet, aber gesund, gefunden. Niemand konnte sich erklären, wie es das Mädchen geschafft hatte, aus eigener Kraft diese riesige Strecke zurückzuschwimmen. Psychologen befragten das Mädchen dazu und erhielten eine verblüffende Antwort: „Ich wußte die Richtung und dann bin ich einfach losgeschwommen. Immer wenn ich müde wurde, habe ich gedacht: Jetzt noch einen Schwimmzug, und dann wieder einen. Ich habe immer nur an den nächsten Schwimmzug gedacht, und dann wieder an den nächsten Zug. Und auf einmal war ich an Land." Die Psychologen waren sich einig darin, daß das Mädchen ertrunken wäre, wenn es sich in Gedanken mit der weiten Strecke, die es zurücklegen mußte, beschäftigt hätte. Aber es hatte ja immer nur gedacht: „Ich mache jetzt noch einen Zug, und dann mache ich wieder einen Zug" und so weiter und so weiter. Dadurch, daß es immer nur an den nächsten Zug gedacht hatte, ist es schließlich am Ufer angekommen.

Um Ihre eigene Motivation (z.B. für die konzentrierte Vorbereitung auf eine Prüfung) zu unterstützen, können Sie einen Vertrag mit sich selbst schließen. Der Text für einen solchen Vertrag könnte lauten:

Heute beginne ich damit, mich systematisch auf die X-Prüfung vorzubereiten. Ich werde regelmäßig und effektiv lernen. Außerdem werde ich folgende Übungen (s. die folgenden Kapitel) durchführen, um meine Prüfungsangst zu verringern. Am festge-

setzten Termin werde ich auf jeden Fall zur Prüfung gehen. Wenn ich die Prüfung erfolgreich abgeschlossen habe, lade ich meine Familie und meine Freunde zu einer großen Feier ein.
(Datum und Unterschrift)
Sie können diesen Vertrag, wenn Sie besonders mutig sind, Ihren guten Freunden zeigen. Auf jeden Fall sollten Sie ihn auf ein großes Blatt Papier schreiben und sichtbar an Ihrem Arbeitsplatz (z.B. in der Nähe Ihres Schreibtisches zu Hause) aufhängen.
Nachdem Sie sich so motiviert haben, können Sie sich Ziele setzen und dann mit den einzelnen Veränderungsschritten beginnen.

Realistische Ziele setzen

Damit Sie später Ihren Fortschritt bei der Veränderung Ihrer Bewertungsangst feststellen können, sollten Sie eine Woche lang Ihre Angst beobachten und Ihre Beobachtungen aufschreiben. Dies wird Ihnen helfen, realistische Ziele für Ihre Selbstveränderung zu finden. Im Anhang finden Sie eine Tabelle, die Sie als Kopiervorlage für Ihre Notizen verwenden können.

Prüfen Sie, ob die Situationen, in denen Sie Bewertungsängste festgestellt haben, irgendwie ähnlich waren. Was ging der Angst voraus, wie haben Sie die Angst bewältigt, was hätten Sie anders machen können? Sehen Sie vielleicht schon jetzt eine Möglichkeit, entweder die Situationen zu verändern oder sich selbst anders zu verhalten?

Suchen Sie nach *Ausnahmen von der „Regel“!* Wann ist es Ihnen in einer Bewertungssituation einmal gelungen, relativ entspannt zu bleiben? Vielleicht gibt es in Ihrem Leben eine oder mehrere Bewertungssituationen, in denen Sie sich gut auf die Aufgabe konzentrieren konnten und merkten, daß plötzlich alles ganz einfach, zügig, geradezu leicht, flüssig und erfolgreich ablief. Analysieren Sie genau, wie Sie sich in diesen Situationen verhalten haben und welche Ihrer Fähigkeiten besonders nützlich und hilfreich waren. Diese Fähigkeiten können Sie bei der Bewältigung zukünftiger Bewertungssituationen wieder nutzen.

Bevor Sie auf eine Prüfung, ein Referat, einen Vortrag, eine Klassenarbeit, eine Bewerbung um eine neue Stelle oder auf die Kontaktaufnahme zu einer attraktiven Person des anderen Geschlechts hinarbeiten, setzen Sie sich ein konkretes Ziel. Dieses Ziel sollte weder zu hoch noch zu niedrig gesteckt sein. Der wichtigste Maßstab für die Zielsetzung sind die vergangenen Leistungen und Erfahrungen in dem entsprechenden Bereich. Es ist völlig unrealistisch und führt zu ungünstigen Arbeitshaltungen, wenn das Ziel zu hoch gesteckt wird. Ein Schüler, dessen Noten im Durchschnitt des letzten Jahres immer bei 4,0 lagen, kann sich für die nächste Arbeit eine 4+ oder eine 3- als Ziel setzen. Nach einer nicht bestandenen Prüfung ist das realistische Ziel für die Wiederholungsprüfung die Note, die gerade noch zum Bestehen ausreicht (in der Regel ist dies die Note „ausreichend").

Wir haben mit Erfolg viele Studierende betreut, die einmal oder gar mehrfach durchgefallen waren. Dabei war unsere Bedingung für eine Betreuung, daß die Kandidaten bereit waren, nur auf die Note hinzuarbeiten, die gerade noch zum Bestehen der Prüfung reicht (also „ausreichend"). Beharrte ein Kandidat (was sehr selten der Fall war) darauf, eine bessere Bewertung anzustreben, lehnten wir die Betreuung ab. Erfreulicherweise – und für uns nicht überraschend – erreichten die Prüflinge dann oft bessere Noten.

Eine Zielformulierung für eine mündliche Prüfung könnte lauten:

> „Ich gehe zur Prüfung hin. In der Wartezeit, kurz vor der Prüfung, kontrolliere ich meinen Atem (s. Kap. 5). Während der Prüfung höre ich konzentriert auf die Fragen und formuliere das, was ich zum Thema gelernt habe."

Es kann schwierig sein, ein realistisches Ziel zu bestimmen, wenn man vor der Prüfung noch keinen anderen Leistungsnachweis in dem entsprechenden Gebiet erbracht hat. In diesem Fall kann man sein Wissen mit dem von anderen Lernenden oder Studierenden, die die Prüfung bereits absolviert haben, austauschen und vergleichen. Häufig ist es auch möglich, den eigenen Wissenstand zu überprüfen, indem man Testbögen von früheren Prüfungen oder Klausuren bearbeitet. Dies ist z.B. eine sehr wichtige Strategie bei der Vorbereitung auf die Führerscheinprüfung.

Es ist unrealistisch, sich zum Ziel zu setzen, bei der Bewerbung um einen neuen Arbeitsplatz völlig ruhig zu bleiben, den nächsten Vortrag ganz ohne Aufregung halten zu können oder bei der Kontaktaufnahme mit einer attraktiven Person des anderen Geschlechts ganz „cool" zu bleiben. Solche Situationen sind immer persönlich bedeutsam und gleichzeitig nicht völlig kontrollierbar. Deshalb ist es durchaus angemessen, aufgeregt zu sein.

Der Anspruch an sich selbst, ganz „cool" zu erscheinen, kann außerdem genau das Gegenteil bewirken. Vor lauter Anstrengung, sich anders zu geben, als man sich fühlt, verkrampft man sich und verhält sich unnatürlich und unecht. Die Personalchefs, Zuhörer bei Vorträgen, Prüfer oder privaten Gesprächspartner spüren dies und reagieren dann eher mit Abwehr.

Besonders ungünstig wirkt es sich aus, wenn vor dem Hintergrund überhöhter Zielsetzungen ein Verhalten gezeigt wird, das über das Ziel hinausschießt. An der Universität erleben wir manchmal Prüflinge, die überbetont selbstbewußt auftreten, besonders lässig wirken wollen, die Diskussion an sich reißen, die Prüfer verbessern und insgesamt versuchen, die Situation zu bestimmen. Diese Verkennung der Positionen und Rollen, die in solchen Situationen festgelegt sind, wirkt eher negativ und kann dazu führen, daß die Prüfer unwillig oder aggressiv reagieren. Sinnvoller ist es sicher, sich ein gewisses Ausmaß an Angst einzugestehen und diese durchaus auch sichtbar werden zu lassen.

Auch wenn Sie etwas Aufregung beim Werben um einen Partner oder eine Partnerin zeigen, werden diese darin ein Anzeichen Ihres besonderen Interesses sehen und sich geschmeichelt fühlen. „Cooles" Verhalten wird gerade in solchen Situationen sehr schnell durchschaut und abgelehnt.

Eine realistische Zielformulierung für eine soziale Bewertungssituation könnte z.B. lauten:

> „Ich gehe zur Party hin. Wenn mich jemand anspricht, werde ich etwas antworten. Ich werde auf eine Person zugehen und irgendeine positive Bemerkung (z.B. über den guten Wein, ein Bild im Raum, die gute Atmosphäre auf der Party) machen. Dabei werde ich mich ein wenig aufgeregt fühlen; das ist völlig normal."

Häufig denken wir, daß andere die Aufregung, die wir selbst innerlich spüren, auch wahrnehmen. Diese Vorstellung entspricht aber mehr der eigenen Phantasie als der Realität. In Rhetorik- und Präsentationskursen sind Teilnehmer immer wieder überrascht, wenn sie nach einem Probevortrag die Rückmeldung erhalten, daß sie ganz ruhig gewirkt hätten. Um zu beweisen, daß dies tatsächlich der Fall war und nicht nur von den wohlmeinenden Beobachtern vorgegeben wird, sind Videoaufnahmen sehr nützlich. Man stellt dann oft erstaunt fest, wie ruhig man auf dem Video wirkt, obwohl man selbst das Gefühl von größter Aufregung hatte. Das Wissen um diesen Tatbestand kann Ihnen helfen, Ihre Aufgeregtheit und Angst bei Vorträgen, in Prüfungen oder wichtigen Gesprächen nicht überzubewerten. Noch hilfreicher ist es natürlich, sich, wenn Sie die Gelegenheit haben, während einer Bewertungssituation filmen zu lassen, und diese Erfahrung selbst zu machen.

Sicher muß man auf dem Weg, seine Bewertungsangst zu verringern, auch mit Rückschlägen rechnen. Wer immer Angst in Bewertungssituationen hat und dies jetzt ändern will, wird nicht gleich und überall Erfolg haben. Lernen vollzieht sich nicht immer geradlinig, sondern es treten Schwankungen auf. Auch nach einigen positiven Erfahrungen, kann es plötzlich wieder einen Mißerfolg geben. Es ist dann wichtig zu wissen, daß mit einem solchen Rückfall nicht alles verloren ist, sondern daß er dazugehört und daß es anschließend wieder aufwärts geht. Kluge Psychotherapeuten kündigen ihren Klienten, die sich begeistert von ihren schnellen Erfolgen zeigen, deshalb an, daß es Rückschläge geben wird, und überlegen im voraus, was dann zu tun ist.

Wer Enttäuschungen und Rückschläge nur schwer erträgt (das gilt für die meisten Menschen), sollte sich eher niedrige als zu hohe Ziele stecken, um auf jeden Fall die entmutigende Erfahrung eines weiteren Mißerfolgs auszuschließen.

Bringen Sie Ihr persönliches realistisches Ziel zu Papier. Schreiben Sie, was Sie tun werden, Verhal-

ten, an dem ein außenstehender Beobachter erkennen würde, daß Sie Ihr Ziel erreicht haben. Beschreiben Sie Ihr Ziel so konkret wie möglich. Ungeeignet ist eine Formulierung wie „Ich werde weniger Angst haben.“ Besser ist: „In der Prüfung werde ich meinen Atem kontrollieren, konzentriert und deutlich sprechen und mein Wissen geordnet vortragen.“
Hängen Sie dieses Blatt gut sichtbar in Ihrer Wohnung auf, so daß Ihr Blick immer wieder einmal „zufällig“ darauf fällt, Sie an Ihr Vorhaben erinnert und Ihre Motivation unterstützt.

4 Wie kommt Angst zustande?

Angst ist natürlich oft einfach durch die Umstände begründet. Es ist in Bewertungssituationen „normal", Angst zu haben. Angst kann aber auch aus unbewußten Konflikten resultieren und dann in ihrer Stärke auf den ersten Blick unverständlich sein.

Die Bedeutung von Prüfungen

„In einer Prüfung passiert einem ja nichts, man wird nicht verwundet, es findet nur ein Gespräch statt, und davor muß man ja keine Angst haben." So versuchen Freunde und Bekannte, einen Kandidaten zu ermutigen, oder sie trösten und weisen darauf hin, daß man ja ruhig einmal durchfallen dürfe.

So stimmt das aber meist nicht. Das Ergebnis von Prüfungen bestimmt entscheidend den weiteren Lebenslauf mit. Man muß Prüfungszeugnisse immer wieder vorlegen; und natürlich sind die Noten bei Einstellungen von Bedeutung, wenn auch nicht von alles entscheidender Bedeutung. Hat man die Prüfung nicht bestanden, so bleiben viele Tore für immer verschlossen. Prüfungen und Prüfungsergebnisse sind also sehr wichtig, und es ist nur allzu berechtigt und verständlich, wenn die Kandidaten große Prüfungsangst haben. In aller Regel, das können wir aus der Erfahrung von vielen Prüfungen sagen, haben die meisten Kandidaten auch ziemlich große Angst. Kandidaten, die selbstsicher und „cool" in der Prüfung erscheinen, sind die große Ausnahme.

Es sind aber nicht nur die objektiven Konsequenzen von Prüfungen, die Angst erzeugen. Fast noch wichtiger sind die Konsequenzen für die Selbstachtung und das Selbstbild des Prüflings. Mit negativen Ergebnissen und schlechten Noten kann man eben nicht so leicht stolz auf sich sein. Wenn man nun nicht schlecht über sich selbst denken möchte, muß man Erklärungen für das schlechte Ergebnis finden, die nicht mit der eigenen Begabung zu tun haben, z.B. es ist ein Thema drangekommen, auf das man sich nicht vorbereitet hatte, oder man konnte sich wegen des Baustellenlärms nicht konzentrieren. Führt man das schlechte Ergebnis allerdings auf das persönliche Versagen zurück, kann es zur lebenslangen Kränkung werden. Jeder kennt den Freund, den Kollegen, der noch nach Jahren bedauernd über verpatzte Prüfungen oder zu schlechte Noten spricht. Auf der anderen Seite kennen die meisten erfolgreichen Absolventen den Stolz, der noch nach Jahren von einer guten Benotung in einer Prüfung ausgeht. Was die Prüfer nach der Prüfung Lobendes sagen, vergißt man nicht so leicht, und es wird zu einem wichtigen Element des Selbstbildes. Negative Äußerungen der Prüfer müssen abgekapselt, wieder vergessen werden.

Das gleiche gilt für Vorträge oder soziale Auftritte: Man muß gut ankommen, anerkannt werden, um dazuzugehören. Auch hier können Konsequenzen ganz erheblich sein (man denke z.B. nur an ein Gespräch mit den künftigen Schwiegereltern).

Es ist also angemessen, Bewertungsangst zu haben. Die Angst mobilisiert alle Kräfte, hält das Bewußtsein von der Bedeutung der Prüfung oder des Auftrittes wach, auch wenn die Vorbereitungen langsam lästig und unbequem werden. Es ist geradezu normal, vor solchen Situationen Angst bzw. wenigstens „Lampenfieber“ zu haben.

Der folgende Text hat also nicht das Ziel, Angst gänzlich zu beseitigen. Es geht nur darum, die Angst zu begrenzen, wenn sie dem eigentlichen Ziel, nämlich der Vorbereitung und dem Bestehen der Prüfung, im Wege steht. Wer überhaupt keine Angst vor solchen Situationen hat, der hat möglicherweise nicht verstanden, um was es dabei geht.

Mit der Prüfung verbundene ungünstige – unbewußte – Erwartungen

Sicher ist ein Prüfungserfolg zunächst einmal wünschenswert. Dann können aber – wenn man ein wenig weiterdenkt – auch unangenehme Dinge in den Sinn kommen. Nach Prüfung und Studium können finanzielle- und Berufsaussichten wenig erfreulich sein. Also kann man vor dem Erfolg in der Prüfung dann durchaus auch Angst haben. Diese Befürchtung liegt noch sehr in der Schicht bewußten rationalen Denkens.

Tiefere und auch irrationale Befürchtungen können ebenfalls wirksam werden: z.B. sich – durch die bestandene Prüfung – zu weit von den Wurzeln der Familie zu entfernen und die Liebe und Zuneigung der nächsten Verwandten zu verlieren. Oder man macht durch die Prüfung die Erfahrung, mit seinen Geschwistern zu konkurrieren und sie zu übertreffen. Wenn dies dann nicht dem (geheimen) Erziehungsplan der Familie entspricht, nach dem die Geschwister die „Besseren“ sein sollten oder zumindest immer die Geliebteren waren, kann es schwierig werden. Ein zu gutes Ergebnis würde dann – in der irrationalen Befürchtung – dazu führen, die Liebe und Zustimmung der Familie zu verlieren.

In Therapien habe ich beobachtet, daß Leistungswünsche und Leistungsstolz durch ein geringfügig behindertes Geschwister erheblich beeinträchtigt werden können. Man möchte als nette Schwester oder Bruder dem Behinderten nicht zu offen dessen Minderleistung demonstrieren und kann dann nicht ungehemmt Prüfungserfolg haben.

Es liegt dann also ein Konflikt vor: Es gibt den natürlichen Wunsch zu bestehen und es gibt gleichzeitig den Wunsch zu versagen. Je stärker nun beide Bestrebungen werden, um so größere Spannung, d. h. im konkreten Fall um so größere Angst, kann das nahende Ereignis auslösen. Gleichzeitig ist der Betroffene wie gelähmt, weil er weder der einen noch der anderen der beiden ungefähr gleich starken inneren Bestrebungen nachgeben kann.

Ein weiterer sehr schwieriger Konflikt kann entstehen, wenn Eltern – entgegen der üblichen Einstellung – den Mißerfolg der Kinder wünschen. Sie können auf den Erfolg der Kinder nämlich auch eifersüchtig sein, und aus Konkurrenzgefühlen eine geheime Freude am Mißerfolg haben. Der brave Sohn oder die brave Tochter könnte dann den – nicht bewußt gemachten – negativen Erwartungen der Eltern folgen.

Solche unbewußten Konflikte gibt es nicht nur in Bezug auf Prüfungen; die Angst, den dominanten Eltern den sozialen Rang streitig zu machen und dafür von ihnen bestraft zu werden, verhindert möglicherweise, daß man ungehemmt in sozialen Gruppen spricht.

Andersherum kann der Prüfling durch lange und negative Erziehungserfahrungen so wütend auf seine Eltern sein, daß er ihnen die Freude am Prüfungserfolg ihres „Sprosses“ – also am eigenen Prüfungserfolg – nicht gönnt. So gibt es in ihm neben dem Wunsch, die Prüfung zu bestehen, auch die Bestrebung durchzufallen. Die Prüfungsangst bezieht sich dann nicht so sehr auf die Schwierigkeit der Prüfung als darauf, sich in der Prüfung nicht auf sich selbst verlassen zu können. Welche der beiden Bestrebungen wird sich durchsetzen? In allen diesen Fällen wäre eine bewußte Besinnung auf die eigene Unabhängigkeit, auf die ureigensten Ziele und Wünsche nützlich. Allein das Bewußtmachen solcher irrationaler Denkweisen, Befürchtungen und Erwartungen löst diese schon ein wenig auf.

In der Familientherapie gibt es eine Technik, solche Verstrickungen im Familiensystem zu entdecken. Das ist die Technik des *zirkulären Fragens*. Jeder der Beteiligten wird gefragt, was nach seiner Meinung eine bestimmte Handlung bzw. ein bestimmtes Handlungsergebnis für jedes einzelne Mitglied der Familie bedeutet (vgl. auch Kap. 5).

Dies kann man z.B. für den Prüfungserfolg auch einfach einmal mit sich alleine durchführen. Man kann sich fragen, was bedeutet es für die Eltern, wenn man gut besteht, wenn man schlecht besteht, wenn man durchfällt, wie würden sie reagieren, was bedeutet es für die Geschwister, was bedeutet es ggf. für den Lebenspartner.

Dabei kann man in dem ein oder anderen Fall schon entdecken, daß Eltern, die selber eine wenig chancenreiche Jugend hatten, nicht nur den Erfolg ihrer Kinder fordern, sondern es auch im Vergleich zu ihrem eigenen Leben als ungerecht empfänden, wenn diese erfolgreicher sind als sie selbst. Sie wünschen sich bewußt den Erfolg, aber betrachten ihn gleichzeitig – ohne es sich bewußt zu machen – mit Neidgefühlen.

Schlechte Erfahrungen

Jede Lebensgeschichte wird einzigartige, individuelle Erfahrungen mit sich bringen. Ereignisse, die eigentlich neutral oder zumindest nicht angsterregend sind, können im speziellen Fall belastend gewesen sein und wurden dadurch zum Auslöser von Angst. Autofahren wird z.B. im allgemeinen als emotional neutrales Ereignis aufgenommen. Nachdem aber ein Mensch in einen Autounfall verwickelt wurde, kann das Autofahren bei ihm Angst auslösen.

Gerade in Bezug auf soziale Situationen, wie z.B. das freie Sprechen in Gruppen, Vorträge und auch auf Prüfungen können schlechte Erfahrungen die erste Ursache für eine spätere Ängstlichkeit sein. Eine Abwertung durch andere, ein verletzendes Lachen, ein unerwartetes eigenes Stocken oder Stottern lassen spätere Bewertungssituationen zum traumatischen Erlebnis werden.

Durch eine Prüfung zu fallen oder von Prüfern schlecht behandelt zu werden sind dagegen nur selten die Ursache von Prüfungsangst. Die meisten Studenten, auch diejenigen mit extremer Prüfungsangst, haben, was das Ergebnis ihre Prüfungen anlangt, nur gute Erfahrungen gemacht.

Die Ursachen für Bewertungsangst können bis in die frühe Kindheit reichen. Besonders das Kind kann vieles noch nicht, ist im Vergleich zum Erwachsenen ungeschickt und muß im Laufe von Erziehung und Lernprozessen mancherlei Kritik und Spott – auch von anderen Kindern und Geschwistern – einstecken. Welche Situationen leicht verarbeitet werden und welche zu einer traumatischen Erfahrung werden, ist vom unbeteiligten Beobachter nicht zu erkennen. Eltern können streng und leistungsfordernd sein, das Kind ständig überfordern und so den Keim einer lebenslangen Angst vor Leistungsproben legen. Auch wenn die Kinder von strengen und überfordernd erziehenden Eltern dann im Jugend- und Erwachsenenalter selbst recht kompetent geworden sind und stolz auf ihre tatsächlichen Leistungen sein können, bleibt die im Kindesalter entstandene Angst bestehen und kann nicht einfach durch positive Erfahrungen im Leistungsbereich überwunden werden.

Vermeidung von angstauslösenden Situationen

Die häufig folgende Vermeidung von Bewertungssituationen und angstvolle Phantasien darüber lassen die Angst – auch ohne weitere negative Erfahrungen – sogar noch anwachsen. Das unglückliche Schicksal, der unglückliche Zufall hat dann – bei gegebener Disposition – dazu geführt, daß eine Angst entsteht, wo eigentlich kein Grund für eine Angststörung gewesen wäre.

Wenn man nämlich Angstsituationen ausweicht, dann kann man keine neuen Lernerfahrungen machen, so daß die Angst unvermindert bestehen bleibt. Das Ausweichen dagegen wird zur immer festeren Gewohnheit, weil es ja die Angst vermindert. Es kann sogar sein, daß bald auch Situationen vermieden werden, die der ursprünglichen Angstsituation nur entfernt ähneln, sich die Angstsymptomatik durch die Vermeidung also noch weiter verschlimmert.

Familiäre Glaubenssätze, Redensarten

Eine Entmutigung kann auch ganz unbemerkt durch familiäre Überzeugungen zustande kommen. Wenn man z.B. immer wieder hört: „Das Auto ist eine Waffe", muß sich allmählich Angst vor dem Autofahren ausbilden. Solche „Merksätze" wirken wie eine bildhafte Autosuggestion und setzen sich als tief empfundene Wahrheit fest. Es gibt eine ganze Menge solcher entmutigender Redensarten, die den Leistungsbereich betreffen. Zum Beispiel die Redensart „Dummheit und Stolz wachsen auf einem Holz" kann zu der Überzeugung führen, man sei dumm. „Hat die Weisheit wohl mit Löffeln gefressen", „auf den Kopf gefallen sein", „dumm geboren und nichts dazugelernt", „wie der Ochs vorm Berge dastehen" usw. sind Redensarten, die in der Familie stereotyp wiederholt werden und in einem Menschen die Überzeugung eigener Minderwertigkeit wachsen lassen können. Besonders abwertend sind z.B. auch Sprüche wie: „Selbst ein blindes Huhn findet mal ein Korn" oder „Die dümmsten Bauern haben die dicksten Kartoffeln", weil diese Redensarten nicht nur über den Mißerfolg herziehen, sondern auch den Erfolg einer Person abwerten.

Speziell Mädchen werden manchmal mit Redensarten wie „das macht ein Mädchen doch nicht" an der Exploration ihrer Umwelt und an unbekümmertem Mut gehindert. Allerdings, die Zeiten ändern sich, und gerade der Wunsch zu beweisen, was sie leisten können, kann für Mädchen und Frauen auch zur mächtigen Triebfeder werden, Ängste zu überwinden.

Aber auch die Überzeugung, die eigene Familie habe überwiegend Pech, kann sich sehr negativ auswirken. Selbst so neutrale Feststellungen wie die Redensart „Wir haben nichts geschenkt bekommen" oder „Ich habe nichts geschenkt bekommen" implizieren, daß nichts leicht gemacht wird. Solche Redensarten können – obwohl sie ja einen stolzen Blick auf eigene vergangene Leistungen beschreiben – Furcht vor hohen Anforderungen wachsen lassen.

Es hilft, sich alte Redensarten und familiäre Überzeugungen, wenn sie negativ sind, bewußt zu machen und sie durch angemessenere, positive Redensarten zu ersetzen: „Wer wagt gewinnt", „Es ist nie zu spät", „Mit der Aufgabe wachsen die Talente", „Wer rastet rostet" usw. Wenn man sich im inneren Dialog, also im Gespräch mit sich selbst, solche Redensarten angewöhnt, ersetzen sie mit der Zeit die vorherigen negativen Überzeugungen.

Konditionierung

Selbst neutrale Ereignisse können manchmal Angst auslösen. Wenn diese nämlich regelmäßig vor einer Angstsituation auftreten und so zum Signal für die Angstsituation werden, dann können sie, obwohl sie selbst gar nichts Angsterregendes haben, auch zum Angstauslöser werden.

Dies ist ein Vorgang, der in der Psychologie früh erforscht wurde und unter dem Begriff „Konditionierung" weithin auch bei Nichtfachleuten bekannt ist. So konnte z.B. durch Konditionierung ein kleiner Junge dazu gebracht werden, sich vor einem Kaninchen zu fürchten. Immer kurz nachdem er das Kaninchen zu sehen bekam, wurde durch Hammerschläge auf Eisenstangen hinter dem Jungen ein erschreckender Lärm erzeugt. Das Kaninchen wurde also zum Signal für späteres Erschrecken. Allein schon wenn der Junge das Kaninchen sah, weinte er. Nun sind solche Experimente aus ethischer Sicht fragwürdig. Heute, 80 Jahre später, gibt es Ethikrichtlinien, die einen – auch geringfügig – negativen Einfluß auf die Versuchspersonen ausschließen. Dennoch ist das Ergebnis des Experimentes heute noch interessant. Das Kaninchen, das der Junge zunächst freudig begrüßte, konnte durch den Vorgang des Konditionierens zu einem Angstauslöser werden.

Manche Naturereignisse gehen späteren furchtauslösenden Ereignissen systematisch voraus. Zuerst blitzt es, und dann kommt der laute und dadurch furchtauslösende Donner. So kann der Blitz allein ein konditionierter Angstauslöser werden.

Andere Ereignisse kommen zufällig in das Umfeld von Angsterlebnissen. Ein Herzanfall, der erhebliche Todesangst mit sich bringt, kann z.B. in der Eisenbahn eingetreten sein. Nun können alle Begleitumstände selbst zum Angstreiz geworden sein: das Geräusch der Bahnfahrt, der typische Geruch der Bahn, aber auch ganz allgemein das Bahnfahren.

So können auch soziale Situationen, Prüfungen oder Vorträge einmal zufällig zum konditionierten Angstreiz werden, der einmal oder einige Male einem angsterzeugenden Reiz vorausging. Bei Vorträgen und Prüfungen ist dies weniger wahrscheinlich, aber z.B. beim freien Sprechen in Gruppen kann das leicht einmal oder auch mehrmals passieren. Wenn das Kind z.B. gerade selbst etwas vorträgt, vielleicht ein gelerntes Gedicht, und es währenddessen ein lautes Geräusch gibt oder zu einem Feuer kommt usw. Auf solchem Wege kann dann das Sprechen in Gruppen oder das Vortragen mehr oder weniger zufällig zu einem Angstreiz werden.

Gerade bei schweren Angstattacken, wie sie z.B. auch bei einer allergischen Immunreaktion auftreten, werden viele zufällig in der Umgebung vorhandene Reize zu späteren Angstauslösern. Die gleiche Erfahrung ergibt sich nach traumatischen Erlebnissen, wie z.B. Flugzeugabstürzen, in denen das Angstniveau sehr hoch war.

Phantasien begründen Ängste

Wir haben mehrfach beobachtet, wie bloße Vorstellungen und Phantasien zum Ursprung einer starken Angst wurden. Man muß negative Konsequenzen nicht wirklich erleben, das Besondere des menschlichen Denkens ist ja gerade, daß man künftige Ereignisse auch in der Vorstellung vorwegnehmen kann. Im ungünstigen Fall, wenn die Vorstellung zu stark ist, kommt es dann ganz allein über die vorgestellte negative Erfahrung zu einer Angststörung.

Fallbeispiele für phantasieausgelöste Ängste

Simon, 5 Jahre

Der kleine Simon ging gern mit dem Papa im Wald spazieren. Dort warf man Steine in einen Bach oder fand Pilze und andere Pflanzen oder spielte im Bachlauf Fische fangen. Eines Tages war ein Weg mit einem Zaun versperrt. „Waren das die wilden Kerle?“ fragte Simon besorgt, aber etwas undeutlich. Der Vater verstand nicht genau und brummte :„Ja“. Von da an wollte Simon nicht mehr spazieren gehen. Wenn überhaupt, dann aber nicht zu dem Wald mit dem Zaun. Er schlug dann andere Aktivitäten vor. Er entwickelte eine starke Angst vor dem Wald, nur weil er sich in der Phantasie die „wilden Kerle“ vorstellte. Eine Behandlung mit einer „Gegenphantasie“ war möglich. Vater und Sohn nahmen eine Karnevalspistole mit, um die wilden Kerle zu vertreiben. „Die gibt es ja gar nicht, die wilden Kerle“, maulte der Sohn, aber er machte mit und konnte den betreffenden Weg wieder gehen, allerdings nie wieder so entspannt und freudig wie vorher. Er kam einige Zeit später von sich aus noch einmal auf die Schlucht zu sprechen: „Weißt du, warum ich nicht mehr in die Schlucht wollte? Weil ich Angst vor den wilden Kerln hatte.“

Hedwig

Mutter Hedwig erzählt, in ihrer Kindheit habe sie immer in den Zimmern der Brüder aufräumen müssen. Da habe ein Bild gestanden, wie Jesus mit den Jüngern über den See Genezareth fährt. Das Schiff war bedroht von den Wellen und im Begriff zu sinken. Das habe ihr immer Angst gemacht. Deshalb habe sie später große Angst vor dem Wasser gehabt.

Als auf einem Schiff einmal die Warnung ausgegeben worden sei, nicht alle Passagiere sollten auf die gleiche Seite gehen, sei die Angst zur Panik gewachsen, also wieder nur durch eine vorgestellte Gefahr. So bleibt sie Nichtschwimmerin.

Die Vorstellungen von negativen Ereignissen übertreffen möglicherweise in ihrer Dramatik alles, was wirklich passieren kann. Die Vorstellungen darüber, wie ein Prüfer einen Kandidaten zerpflückt, sind schnell aufgebaut und – so erlebe ich es bei Studenten – sehr unrealistisch. Einzelne ins witzig-dramatische verzerrte Erzählungen über Prüfungen mögen dazu beitragen, die Vorstellungen mit unrealistischen Elementen weiter auszuschmücken. Gerade weil man die entsprechende Prüfung jeweils nur einmal macht und also keinerlei vorherige Erfahrungen vorliegen, ist viel Platz für Phantasien.

Wie häßlich eine soziale Runde, ein Auditorium bei einem Referat reagiert, kann man sich ebenfalls weitaus dramatischer ausmalen, als es je in der Realität passieren könnte.

Ist aber auf einem solchen Wege einmal eine Angststörung entstanden, hat diese die gleiche Realität wie eine Störung durch schlechte Erfahrungen und muß in der gleichen Art ernst genommen werden. Wiederum kann die Angst vor der Angst (s.u.) die Angststörung über lange Lebensphasen aufrechterhalten, obwohl an ihrem Beginn nur eine Phantasie stand.

Angst vor der Angst

Die Angststörung kann sich u.U. ganz von alleine, ohne weitere negative Erfahrungen, verstärken. Es kann Angst vor der Angst auftreten. Drei Gründe können dafür maßgeblich sein.

Das passiert erstens, wenn die Angstattacke ganz besonders schlimm war, so daß der Betroffene so etwas auf gar keinen Fall wieder erleben möchte. Dies ist manchmal bei Panikattacken der Fall, wenn also Angst plötzlich und ohne erkennbaren Grund auftritt.

Zweitens kommt es zu Angst vor der Angst, wenn die Angst die Leistung beeinträchtigt hat. So ist es bei der Bewertungsangst in Prüfungen, bei Parties und bei Vorträgen. Man ist nicht mehr so flexibel im Denken, die Angst hemmt die sonst verfügbare soziale Geschicklichkeit. Es ist also durchaus berechtigt, das Aufkommen von Angst zu fürchten, weil nun die Situation, vor deren Bewältigung man ja ohnehin Angst hatte, noch schwieriger zu meistern ist.

Drittens hat man oft Angst davor, daß die Angst von anderen bemerkt wird. Dies wirkt sich im Gespräch mit einer Person des anderen Geschlechts, aber auch im Bewerbungsgespräch negativ aus. Der attraktive und ersehnte Partner will ja selbst wahrscheinlich keinen angstgehemmten Freund haben, der Personalchef möchte jemanden einstellen, der selbstbewußt und überzeugend wirkt. Wiederum ist die Angst vor der Angst nur allzu berechtigt.

Wenn die Angst vor der Angst sich einmal eingestellt hat, kommt es zu einem Teufelskreis. Erste Zeichen der Angst, wie Handschweiß, Stirnschweiß oder Herzklopfen steigern die Angst. Je mehr Angstzeichen nun auftreten, umso stärker wird die Angst. Nun brauchen auch gar keine negativen Erfahrungen mit der jeweiligen Situation mehr einzutreten, die Angst würde sich trotzdem ganz von alleine aufschaukeln. Denn die nun immer stärker werdende Angst würde die Meisterung jedweder Situation, auch solcher Situationen, die leicht fallen, zu einer schwierigen, ja oft zu einer traumatischen Erfahrung machen.

Man kann natürlich vorsorgliche Maßnahmen treffen, damit Angstsignale nicht öffentlich bemerkt werden: Die meisten Menschen, die solche Erfahrungen machen, kennen sich in der Verheimlichung ihrer Angst schon gut aus: Wer mit der Hand zittert, wird mittags in der Gruppe kaum eine Suppe bestellen. Wer starken Handschweiß erlebt, wird sich vor einer Begrüßung mit der Hand drücken.

Manchmal kann es günstig sein, sich bereits zu Beginn einer öffentlichen Leistung zu der eigenen Angst zu bekennen: ein Bemerken von Angstsymptomen durch die Prüfer oder das Auditorium führt dann eben nicht sofort zu negativen Bewertungen. Bei Referaten und auch gelegentlich im sozialen Kontakt mag das funktionieren. Im Bewerbungsgespräch ist dies sicher nicht das Mittel der Wahl (vgl. Kap. 8).

Auch kann es, wie oben bereits erwähnt, sehr hilfreich sein zu erleben, inwieweit bzw. wie wenig Angstzeichen von anderen überhaupt bemerkt werden. Oft haben wir erlebt, daß Vortragende die Videoaufzeichnung ihres Vortrages deshalb mit großer Erleichterung ansahen, weil überhaupt keine Anzeichen von Angst zu bemerken waren, obwohl beim Vortrag subjektiv doch deutlich Angst empfunden wurde.

Es mag helfen, sich mit Autosuggestionen in der „Wartezeit" bis zum kritischen Ereignis klarzumachen, daß jetzt – im Moment – ja gar kein Grund zur Angst gegeben ist. Die Leistung muß ja im Moment nicht erbracht werden. So wird das Hochschwingen des Angstniveaus zumindest gedämpft (Text einer möglichen Autosuggestion: „Im Moment habe ich allen Grund, ganz ruhig und entspannt zu sein").

Überhaupt ist es günstig, in der Wartezeit möglichst wenig auf Angstzeichen zu achten. Wenn man etwas tun kann, was ablenkt, ist es gut. Gerade das Sitzen vor einem Prüfungsraum oder das Warten auf einen Vortrag sind Zeiträume, in denen man gar keine Ablenkungen hat. Dann kann es helfen, sich ein Mantra vorzusprechen oder, wenn man es prosaischer gestalten will, innerlich leise zu zählen, um gar keine Gedanken an Angstsymptome aufkommen zu lassen. Aus dieser Überlegung heraus ist es vielleicht nicht günstig, sich allzu lange vor dem Termin vor den Prüfungsraum zu setzen. Besser wäre es, draußen etwas herumzulaufen, dabei gibt es immer die eine oder andere Ablenkung. Günstig ist Bewegung auch, weil sie Streßhormone abbaut. Gerade ängstliche Prüflinge wollen aber auf keinen Fall zu spät kommen, scheuen den Streß einer Verkehrsstörung und sitzen Stunden vorher vor den Prüfungsräumen, Stunden, in denen die Angst sich nur steigern kann.

Sicher ist man auch vor Prüfungen versucht, sich den Stoff noch einmal ins Gedächtnis zu rufen, um sich zu versichern, daß man alles weiß. Erfahrungsgemäß führt aber der geringe Stoffabschnitt, den man in den kurzen Minuten aktualisieren kann, nur zu dem Eindruck, gar nichts mehr zu wissen, und die Angst steigert sich. Dem Ängstlichen ist also zu empfehlen, die Stunden vor der Prüfung möglichst wenig an die Prüfung und gar nicht an den Stoff zu denken.

So wie man sich erinnern kann, was man alles schon geschafft hat, so kann man sich auch erinnern, bei welchen Angstgraden man schon etwas geschafft hat. Wenn man die stärkste Angst erinnert, mit der man noch Erfolg hatte, kann man sich bei jetzigen – wahrscheinlich – geringeren Angstgraden beruhigen (Text einer Autosuggestion: „Ich kann es auch mit Angst schaffen“, „die Angst, die ich jetzt habe, hilft mir noch“, „Ich kann mit Angst umgehen“, „Ich kann auch mit Angst etwas leisten“).

Unterschiedliche Lerntypen

Hier sind also nun verschiedene Wege geschildert worden, wie beim ganz „normalen“ Menschen durch zufällige Ereignisse oder auch durch zufällige Gedanken

Angststörungen entstehen können. Nach diesen Erläuterungen fragen Sie sich vielleicht, warum nicht fast alle Menschen erhebliche Prüfungsangst haben, obwohl sich doch die meisten Kandidaten schlimmste Phantasien über den Prüfungsverlauf ausmalen.

Man denkt heute, daß Personen unterschiedlich schnell körperliche Reaktionen lernen („konditionierbar" sind).

Eysenck (1965) hat die Theorie aufgestellt, daß introvertierte Menschen schnell körperliche Reaktionen auf bestimmte Umweltreize aufbauen (schnell konditionierbar sind), daher neigen sie auch dazu, sich von allzuviel Außenreizen abzuschotten. Extrovertierte sind nur langsam konditionierbar und suchen die Anregung. Ein introvertierter Mensch würde also durch die gleiche zufällige schlechte Erfahrung leichter eine Angststörung entwickeln als sein extrovertierter Mitmensch.

Ob es also – auf dem Wege ganz normalen Lernens – zu einer späteren Angst kommt, hängt nicht nur von dem Angstereignis, sondern auch noch von Persönlichkeitsmerkmalen ab. Sicher spielt auch eine Rolle, wie bereit eine Person ist, überhaupt Angst zu haben, und wie stark die aktuelle Angst ist.

Literatur

Eysenck, H.-J. (1965) Extraversion and the aquisition of eye blink and GSR conditioned responses. Psychol. Bul., 63, 258-270

5 Was ist zu tun?

In diesem Kapitel finden Sie viele Techniken zur Bewältigung von Bewertungsängsten. Diese Techniken lassen sich bei allen Formen der Bewertungsangst einsetzen. Zum überwiegenden Teil basieren sie auf anerkannten psychotherapeutischen Strategien, die auch bei der Behandlung anderer Angststörungen wirksam sind.

Im Kap. 7 finden Sie dann noch konkrete Verhaltenstips für Prüfungssituationen, das Halten von Vorträgen, das Sprechen in Gruppen und den Umgang mit Lampenfieber bei Musikern.

Lesen Sie zunächst das gesamte Kapitel durch. Dabei können Sie schon einmal markieren, welche Übungen oder Vorschläge Sie für sich selbst mögen und für durchführbar halten. Danach konzentrieren Sie sich nur noch auf diese Abschnitte.

Nachdem Sie sich auf diese Weise einen Überblick über verschiedene Veränderungsmethoden und deren Kombinationsmöglichkeiten verschafft haben, können Sie Ihren persönlichen Veränderungsplan aufstellen.

Wir haben die Techniken in diesem Kapitel inhaltlich in drei Blöcke aufgegliedert. Diese Gliederung folgt den 3 Aspekten der Angst: *Emotion* (damit ist die physiologische Seite der Angst gemeint, die wir auch als Aufgeregtheit bezeichnen), *Kognition* (damit meinen wir die Gedanken und inneren Bilder, die die Besorgtheit ausmachen) und das direkt beobachtbare *Verhalten*.

Techniken zur Kontrolle der Aufgeregtheit

Die Abschnitte „Atmung", „Entspannung", „Meditation", „Systematische Desensibilisierung", „Augenbewegung", „Selbsthypnose" und „Nutzen positiver Erfahrungen (Ankern)" zielen vorwiegend auf die Reduktion der körperlichen Erregung und die Veränderung der Stimmung (*Emotion*).

Techniken zur Kontrolle von Gedanken und inneren Bildern (Besorgnis)

Die Abschnitte „Irrationale Überzeugungen aufgeben", „Innerer Dialog mit der Angst", „Gedankenstop und Gedankenersetzen", „Selbstverbalisation", „Mit zirkulären Fragen eigene Stärken finden", „Geschichten und bildhafte Analogien", „Angst und Bildvorstellungen" und „Humor" haben vorwiegend die Veränderung von Gedanken und inneren Bildern zum Ziel (*Kognition*).

Techniken zur Kontrolle des Verhaltens

Die Abschnitte „Das Lernen am Modell nachholen", „Rollenspiel", „Rollenspiel im Kopf", „Mit kleinen Schritten Erfolgserlebnisse schaffen" und „Bewegung" geben Anregungen zur Entwicklung und Ausführung günstiger Verhaltensweisen (*Verhalten*).

Wir schlagen vor, daß Sie aus jeder der 3 Gruppen je eine Technik durchführen.

Beginnen Sie auf jeden Fall mit einer der Techniken zur Reduzierung der körperlichen Erregung. Neben der gezielten Angstbewältigung ist die Beherrschung einer Entspannungstechnik ein Gewinn für die allgemeine seelische und körperliche Gesundheit. Dies gilt nicht nur, aber insbesondere für Belastungssituationen, die in jedem Leben immer wieder auftreten.

Ich erinnere mich an die wohltuende Wirkung der systematischen Entspannung in einer Zeit, in der ich neben der starken beruflichen Belastung erlebte, wie unsere beiden kleinen Kinder fast jeden Abend in unser Bett wollten. Da sie aber auch in unserem Bett sehr unruhig waren und uns am Schlaf hinderten, schickten wir die weinenden Kinder immer wieder zurück in ihr Zimmer. Durch das Weinen der Kinder fühlten sich die Nachbarn in dem hellhörigen Haus gestört und klopften wütend an die Wand. Ich hatte anschließend – wenn die Kinder sich schon lange wieder beruhigt hatten – das Gefühl eines Steines im Magen und konnte nicht mehr einschlafen. Mit Hilfe einer Entspannungstechnik spürte ich, wie ich den Stein auflösen und durch ein angenehmes Wärmegefühl ersetzen konnte. Ich konnte dann auch wieder einschlafen.

Parallel dazu oder auch erst dann, wenn Sie die Entspannung gut beherrschen, sollten Sie an der Veränderung Ihrer Gedanken und inneren Bilder arbeiten und dann geeignete Verhaltensweisen einüben. Die Entspannung sollten Sie möglichst zweimal am Tag genießen. Die anderen Techniken sind in der Regel nach einer kurzen Einübungszeit ohne Mühe täglich einmal oder auch mehrmals durchführbar.

Sollten während einer Übung starke unangenehme Gefühle auftreten, brechen Sie diese sofort ab. Sie können die Übung dann zu einem anderen Zeitpunkt, wenn Sie besserer Stimmung sind, wiederholen. Sollte die Übung Ihnen immer wieder unangenehm sein, dann wählen Sie eine andere Technik, die Ihnen besser liegt.

Wenn Sie nach 4 Wochen noch keinen Fortschritt bei der Bewältigung Ihres Angstproblems feststellen können, versuchen Sie eine andere Technik. Sollten Sie – wider Erwarten – auch dann keinen Erfolg sehen, bedeutet das nicht, daß Ihr Problem besonders schwerwiegend ist. Wenden Sie sich dann ggf. an einen Psychotherapeuten (am besten einen Verhaltenstherapeuten), der Ihnen dabei helfen kann, den für Sie richtigen Weg herauszufinden. Neuere umfassende Therapieforschungen zeigen, daß bei Angstbelastungen die Verhaltenstherapie außerordentlich gute Erfolge bringt. Im Einzelfall ist jedoch auch denkbar, daß sich hinter der Bewertungsangst noch andere, nicht sofort erkennbare Probleme verbergen (s. Kap. 3).

Techniken zur Kontrolle der Aufgeregtheit

Atmung

„Erst einmal ruhig durchatmen", bitten manche Prüfer ihren Prüfling und wissen dabei um die angstlösende Wirkung eines entspannten Durchatmens.

Es gibt zwei Arten, wie die Atmung Angst verstärken kann:

- Eine gewisse Angststarre resultiert aus einer zu flachen Atmung, die zu Sauerstoffarmut führt und die innere Aufregung verstärkt (eine Art „Totstellreflex" ist am Werk; man möchte instinktiv nicht durch laute Atemgeräusche auf sich aufmerksam machen).
- Es gibt auch ein verstärktes, „kampfvorbereitendes", kräftiges Atmen (Hyperventilation), das nach einiger Dauer zu Übelkeit und Ohnmacht führt, so daß manchmal – allein durch die heftige Atmung – Panik auftritt.

Es ist also gut, in der Angst die eigene Atmung zu überprüfen. Wenn man die bewußte Aufmerksamkeit auf die Atmung lenkt, bemerkt man sogleich, ob gerade eine ruhige, natürliche, eine flache oder eine überschnelle Atmung besteht. Daher ist der wichtigste Schritt der Atemkontrolle, immer wieder bewußt auf die eigene Atmung zu achten, um sie dann wieder zu einem ruhigen, tiefen Rhythmus übergehen zu lassen.

Autosuggestionen – das sind Sätze, die Sie bei der Atemkontrolle innerlich zu sich selbst sprechen – können beim Übergang zur ruhigen Atmung helfen:

„Der Atem kommt und geht in seinem eigenen Rhythmus.“
„Die Atmung ist ruhig und entspannt.“
„Die Kehle ist ganz weit, und die Wände der Brust sind biegsam.“
„Es fällt mir ganz leicht zu atmen.“
„Ich lasse den Atem tief und ruhig in den Körper fließen.“
Besonders beruhigend ist es, die Luft langsam tief in den Bauch strömen zu lassen. Die sog. Bauchatmung können Sie (zu Hause) kontrollieren, indem Sie die Hand auf die Bauchdecke legen und spüren, wie sich die Bauchdecke beim Ein- und Ausatmen langsam hebt und senkt.

Die Konzentration auf die Atmung unterbricht auch – im günstigen Fall – die sorgenvollen Gedanken. Zusätzlich lassen sich aber auch noch Meditationstechniken einsetzen.

Zusammenfassung: Atmung

Atmung überprüfen. Zu schnell oder zu flach?
Atmung bewußt korrigieren, z.B. Bauchatmung
Autosuggestionen einsetzen

Entspannung

Es gibt einige Reaktionen, die mit Angst unvereinbar sind. Man spricht von Angstantagonisten. Auch die Muskeln, die ein Strecken und Beugen des Armes bewirken, sind Antagonisten. Das gleichzeitige Strecken und Beugen des Armes ist unvereinbar. Man kann den Arm nicht gleichzeitig beugen und strecken. Wollte man ein sich unwillkürlich einstellendes Strecken des Armes also verhindern, würde man ihn absichtlich gebeugt halten.

Genau so kann man mit Angst verfahren. Man kann einen Zustand herstellen, der mit Angst unvereinbar ist und in dem sich die Angst nicht ausbreiten oder gar nicht erst entstehen kann. Ein solcher Zustand – der auch keine negativen Nebenwirkungen hat – ist die Entspannung (vgl. Kap. 8 über ungünstige Methoden der Angstbewältigung).

Aber sich einfach vorzunehmen, „ich will jetzt ganz entspannt sein", wird keine besondere Wirkung haben. Man muß wissen, wie man eine Entspannung einleitet.

Der erste Schritt zur Entspannung ist eine ruhige Atmung. Sodann kann man die Entspannung in allen Muskelgruppen kontrollieren und vertiefen. Man geht in Gedanken alle Muskeln durch (Stirn, Augen, Mund/Zunge, Kiefer, Hals / Kehle, Schultern, Arme, Brust, Bauch, Gesäß, Becken, Beine, Füße, Zehen) und fühlt jeweils nach, ob es dort Spannung gibt. Die Spannung wird dann mit einer Autosuggestion gelöst; z.B. sagt man innerlich zu sich: „Die Arme sind ganz schwer und entspannt."

Objektiv werden Arme und Beine ja kaum schwerer werden. Subjektiv kann sich jedoch ein starkes Gefühl von Schwere einstellen, weil die entspannten Muskeln nun „schwer" nach unten hängen und eine Last auf die Drucksensoren der Haut legen.

Das hier beschriebene Vorgehen ähnelt dem von Schultz (1964) entwickelten Autogenen Training. Das Autogene Training ist ebenso geeignet wie die hier beschriebene Entspannungseinleitung. Wer darin Übung hat, kann auch die Übungen des Autogenen Trainings zur Einleitung der Entspannung verwenden bzw. sich eine Kassette/CD nach Schultz besorgen.

Eine Entspannungsinstruktion

Bei vielen Techniken, die wir im folgenden vorschlagen, ist es günstig, entspannt zu sein. Die Entspannung selbst ist jedoch auch bereits angstmindernd.

Nun ist es nicht möglich, sich einfach vorzunehmen, entspannt zu sein und dann auch tatsächlich in eine tiefe Entspannung zu geraten. Bald würden die Gedanken vom Ziel der Entspannung abschweifen. Eine Entspannungstechnik hält die Gedanken bei der Aufgabe.

Eine übliche Entspannungstechnik besteht z.B. darin, einem Klienten, der sich entspannen will, eine Entspannungsinstruktion zu geben, in der die Empfindungen, die sich im Laufe der Entspannung in den verschiedenen Körperteilen einstellen, beschrieben werden.

Eine solche Instruktion kann man sich auch selbst geben. Allerdings ist es schwierig, sich gleichzeitig selbst eine Instruktion zu geben, also einen Text zu lesen, und sich zu entspannen. Deshalb gibt es viele Entspannungsanweisungen auf Tonträgern zu kaufen. Sie können aber auch die folgende Instruktion auf ein Band (eine Kassette) sprechen und sich das Band dann vor einer Situation, in der Sie entspannt sein möchten, vorspielen. Auf dem Band muß die Instruktion ausreichend langsam gesprochen sein, so daß sich die beschriebenen Körperprozesse einstellen können. Daher sind Pausen zu machen. Je nach Vorliebe wird man Pausen zwischen 30 Sekunden und einer Minute lassen. Wer die technischen Möglichkeiten hat, kann den Text über eine beruhigende Meditationsmusik sprechen oder gleichzeitig zu der Entspannungsinstruktion auf dem CD-Spieler eine Entspannungsmusik laufen lassen (z.B. eignen sich die Gruppe Kitaro oder auch Gregorianische Gesänge; die meisten CD-Geschäfte haben auch eine Rubrik „Meditationsmusik").

Tiefenentspannung

Hier folgt nun eine Entspannungsinstruktion, die man sich auf Band sprechen kann:

„Ich atme ruhig und gleichmäßig. Der Atem kommt und geht von selbst, in seinem eigenen Rhythmus."
Pause
„Ich lasse den Atem tief in den Körper sinken, tief in den Bauch sinken und bemerke, wie ich dadurch ruhiger werde, ruhiger und ruhiger."
Pause
„Um die Alltagsgedanken und auch alle Sorgen abzuschalten, sage ich mir innerlich beim Einatmen immer „alles" und beim Ausatmen „gut". Das mache ich jetzt eine Minute, bis sich meine Stimme auf dem Band wieder meldet."
Pause
„Die Stirn ist ganz glatt und frei, und die Augen liegen leicht, ohne Druck in den Augenhöhlen."
Pause
„Die starken Kiefermuskeln sind locker, entspannt, so daß die Zahnreihen etwas auseinanderstehen, und die Zunge fällt schwer nach unten. Die Lippen sind locker und wölben sich etwas vor."
Pause
„Die Kehle ist ganz offen, ich bekomme leicht Luft. Die Wände der Brust sind entspannt und biegsam."

Pause
„Die Arme liegen schwer auf der Unterlage. Wellen von Schwere strömen durch die Arme, Wellen von bleierner Schwere."
Pause
„Ich erlaube den Bauchmuskeln, ganz entspannt zu sein, und der Bauchdecke, sich etwas vorzuwölben. Dort vom Bauch aus, vom Zentrum des Körpers aus, gehen Wellen von tiefer Entspannung über den ganzen Körper. Ich bin noch entspannter, noch tiefer entspannt."
Pause
„Die Gesäßmuskeln sind locker entspannt, dehnen und verformen sich unter dem Gewicht des Körpers."
Pause
„Die Muskeln des Beckens und des Beckenbodens, auch die Schließmuskeln des Beckens, sind entspannt, geöffnet, soweit das möglich ist, so daß die letzten Spannungen gelöst werden."
Pause
„Die Entspannung breitet sich nun aus in die Beine, in die Oberschenkel, Unterschenkel, Füße und Zehen. Die ganzen Beine sind nun schwer, bleischwer und entspannt."
Pause
„Die inneren Organe arbeiten ruhig und gleichmäßig in ihrem eigenen Rhythmus. Ich genieße das Schlagen des Herzens, das gesunde Strömen des Blutes und das langsame, unwillkürliche Arbeiten des Darmes."
Pause
„Der ganze Körper ist völlig entspannt. Ich fühle mich ganz wohl. Ich bin ganz auf mich selbst konzentriert und genieße die Entspannung."
Pause

(Hier wäre die Stelle, an der Autosuggestionen auf das Band gesprochen werden können, z.B. : „Ich habe mich gut vorbereitet und kann mich in der Prüfung auf mein Wissen verlassen.“)

Pause

„Ich bleibe nun noch eine Weile entspannt, bis ich die Entspannung wieder zurücknehmen möchte. Dann zähle ich innerlich bis drei. Bei „eins“ sind meine inneren Organe frei und leicht. Bei „zwei“ spanne ich die Muskeln kräftig an. Bei „drei“ schlage ich die Augen auf, blicke zum Licht und fühle mich erholt und zuversichtlich.“

Die meisten Menschen kommen mit dieser Art, sich zu entspannen, gut zurecht. Es gibt aber auch Personen, die auf diesem Weg nicht gut in eine tiefe Entspannung geraten. Für sie ist eine aktivere Entspannungsmethode zu empfehlen, die sog. Progressive Relaxation nach Jacobson (Bernstein u. Borkovec 1975). Dabei wird Entspannung dadurch erreicht, daß eine starke Anspannung automatisch eine Entspannung nach sich zieht. Man lernt, genau hinzufühlen und dann die Entspannung noch zu vertiefen.

Hier folgt eine entsprechende Entspannungsinstruktion, die jeweils für alle Muskelgruppen wiederholt wird, z.B. Muskeln der Kopfhaut, Stirn, Augen, des Mundes und der Nase, des Kiefers, des Nackens, der Schultern (hochziehen, niederdrücken), der Arme (strecken und beugen, aufdrücken), der Finger, des Bauches, des Beckens, des Gesäßes, der Beine (strecken und beugen), der Füße und Zehen:

Entspannung nach der Anspannung

„Die Kiefermuskeln anspannen. Die Zähne fest aufeinanderbeißen. So fest, wie es ohne Schmerz möglich ist.“ (nur bei gesunden Zähnen. Bei Zahnersatz

oder anderen Zahnproblemen: die Lippen aufeinanderpressen). „Die Muskelanspannung formt die Wange. Die Spannung halten. Weiter halten!"
Nun die Spannung lösen. Fühlen Sie, wie die Entspannung sich ausbreitet. Erlauben Sie, daß die Entspannung im Kiefer auch im gesamten unteren Gesichtsbereich größer und größer wird."
„Die Bizeps fest anspannen, die Arme stark anwinkeln. Die Spannung halten, bis die Muskeln vor Spannung etwas zittern. Weiter halten!
Nun die Spannung lösen. Fühlen Sie, wie die Entspannung sich ausbreitet. Erlauben Sie, daß die Entspannung im Arm nun tiefer und tiefer wird."
Bei den anderen – eingangs aufgezählten Muskeln – wird in der gleichen Weise vorgegangen.
Diese Art von tiefer Entspannung als „Angstverdränger" hat im täglichen Einsatz ihre Grenzen. Man kann nicht bei der Arbeit, beim Laufen oder Reden tief entspannt sein. Die Entspannung kann allenfalls in Arbeitspausen oder allein zu Hause eingestellt werden. Hier wirkt sie wie eine „Angstbremse"; die Angst wird wieder auf ein geringes Maß reduziert.

Schnellentspannung im Alltag

Im Alltag empfiehlt sich eine Form der „Schnellentspannung", die zwischen den Aktivitäten des Tages stattfinden kann. Die Instruktion dazu lautet:
„Atmen Sie tief ein, und atmen Sie langsam wieder aus, ohne in der Atembewegung innezuhalten (dies nennt man „Rundatmen"). Nach dem Ausatmen legen Sie eine Pause in der Atembewegung ein, in der Sie bis 3 zählen. Während des Ausatmens können Sie auch einen inneren Vorsatz zu sich sprechen, z.B. „Ich bin ruhig und entspannt."

Nach 3 bis 5 solcher Atemvorgänge stellt sich bereits eine Entspannung ein. Sie sollten diese Form der Atmung nicht länger als 2 Minuten durchführen.

Zusammenfassung: Entspannung

3 Wege zur Entspannung:
Tiefenentspannung
Entspannung nach der Anspannung
Schnellentspannung im Alltag

Literatur

Bernstein DA, Borkovec DT (1975) Entspannungstraining. Handbuch der progressiven Muskelentspannung. Pfeiffer, München

Lindemann H (1984) Einfach entspannen. Mosaik-Verlag, München

Schultz JH (1964) Das Autogene Training. Thieme, Stuttgart

Schultz JH (1961) Übungsheft für das Autogene Training. Thieme, Stuttgart

Meditation

Es wurde deutlich, daß ein Angst*gefühl* allein von angstvollen Gedanken erzeugt werden kann. Die Vorstellung von schlimmen Ereignissen kann ja, wie man weiß, schon Angst erzeugen, ohne daß die schlimmen Ereignisse eingetreten sein müssen oder je eintreten werden.

Also wäre es gut, wenn man den Fluß der Gedanken lenken könnte. Gerade in Zuständen von Angst gelingt das aber in der Regel nicht. Die ängstlichen Befürchtungen drängen sich immer wieder in den Vordergrund. Dies kann das Lernen vor Prüfungen beeinträchtigen, es kann auch das Einschlafen behindern oder insgesamt die Lebensfreude in eigentlich erfreulichen Situationen beeinträchtigen.

Man kann aber die ängstlichen Gedanken, die in Worten und Sätzen auftauchen, einfach dadurch verhindern, daß man sich selbst eine Zeit lang eine andere Aufgabe gibt: Man kann z.B. jeweils beim Einatmen innerlich leise „eins“ und beim Ausatmen innerlich leise „zwei“ zählen. Dies ist eine einfache Aufgabe, die auch dann noch „machbar“ ist, wenn die Angst schon stärker geworden ist. Zumindest für die Zeit der Zählaufgabe kann man nun nichts anderes denken, und der Teufelskreis sich steigernder ängstlicher Gedanken wird einmal, z.B. für 2 Minuten, unterbrochen. Jetzt können sich „normale“ oder auch zuversichtliche Gedanken wieder leichter ausbreiten.

Die vorgeschlagene Aufgabe ähnelt sehr der Technik der Meditation. Während er atmet, spricht sich der Meditierende innerlich z.B. die Silbe „Om“ vor, oder er hat ein Mantra, ein spezielles Wort oder eine spezielle Silbenfolge, die er sich vorspricht, um eine innere „Leere“ (von den üblichen Gedanken) zu erreichen.

Auch die beschriebene Zählaufgabe läßt sich noch mit Sinn anreichern. Man kann im Takt der Atmung denken: (einatmen) – „Ich werde es“ – (ausatmen) – „schaffen.“ So besteht das „Mantra“ unserer Meditation gleichzeitig in einer wirkungsvollen Autosuggestion.

Das „Ein“ und „Aus“ des Atmens kann zum Sinnbild für die Anstrengung der Vorbereitung und die Entspannung des Erfolges werden: Beim Einatmen kann man sich leise vorsagen „Vorbereitung“, beim Ausatmen „Erfolg“. Auf diese Weise wird die Folge von Vorbereitung und Erfolg in der Erwartung so fest verknüpft wie Einatmen und Ausatmen. Dadurch wird Erfolgszuversicht aufgebaut.

Wann und wie lange sollen solche Meditationstechniken durchgeführt werden? Immer wenn die Angst groß wird, z.B. unmittelbar vor einer Prüfung, vor einem Vortrag – für einige Minuten, bis sich die innere Erregung wieder etwas gelegt hat.

Es ist günstig, die Meditation in entspannten Situationen, z.B. vor dem Schlafengehen, zu üben. Hier empfiehlt sich eine Dauer von 5 bis 10 Minuten. Wenn man die Meditation in der Entspannung geübt hat, koppelt sich die Empfindung von Ruhe und Entspannung an die Übung, und dies macht die Meditation noch wirkungsvoller.

Sicher ist auch das Gebet, z.B. das Vaterunser oder das Ave-Maria, eine wirkungsvolle Meditation, weil die verbalen Gedanken besetzt und die Worte eines Gebetes mit der ruhigen fröhlichen Stimmung des Gottesdienstes verbunden werden.

Wenn man diese Übung öfter praktiziert, kann es passieren, daß man Gefallen an der Meditation findet. Durch das Abschalten der verbalen Gedanken kommt man in Kontakt mit feineren, weniger „lautstarken" inneren Strebungen und Empfindungen. Wie man die Meditation weitergehend für sich nutzen kann und auch welche Vorsichtsmaßnahmen es zu beachten gilt, erfährt man z.B. bei Boeckel (1989).

Zusammenfassung: Gedankenersetzen

Angstvolle Gedanken durch alternative Gedanken ersetzen. Die alternativen Gedanken mit dem Atemrhythmus verbinden. Mantras verwenden.

Literatur

Boeckel JF (1989) Meditationspraxis. Orbis Verlag, München

Systematische Desensibilisierung

Man kann die Entspannung nutzen, um die Angst in bestimmten Situationen zu verlernen. Dazu verwendet man die sog. systematische Desensibilisierung (Wolpe 1972, vgl. auch den Abschnitt über Augenbewegungen). Hierbei handelt es sich um eine erwiesenermaßen wirkungsvolle Technik der Verhaltenstherapie, die auch als Selbsthilfemaßnahme eingesetzt werden kann (zur Wirkung vgl. Grawe 1994).

Diese Therapiemethode geht davon aus, daß die Angst verlernt wird, wenn man sich dem angsterzeugenden Reiz aussetzt und wenn es dabei gleichzeitig nicht zu Angst und natürlich auch nicht zu negativen Konsequenzen kommt. Würde man sich nun gleich dem angsterzeugenden Reiz in seiner ganzen Stärke aussetzen, käme es ja zu starker Angst und ein Verlernen könnte nicht stattfinden. Also muß man einen sehr geringen Grad der angsterzeugenden Situation finden, der nun in der Entspannung keine Angst auslöst. Dazu verwendet man Vorstellungsbilder. Mit den Vorstellungsbildern läßt sich der Schwierigkeitsgrad der Situation genau manipulieren. Während der Entspannung stellt man sich zunächst die einfachsten (am wenigsten angstauslösenden) Situationen vor. Dann geht man zu schwierigeren, stärker angsterzeugenden Bildern über. Sollte bei einem Vorstellungsbild trotz der Entspannung Angst aufkommen, bricht man die Reihe ab und beginnt wieder von vorn. So gelingt die Erfahrung, daß der gefürchtete Reiz – in einer reduzierten Form – vorhanden ist und keine Angst auslöst.

Hier sind nun für das Sprechen in der Gruppe, für Vorträge und für Prüfungen einmal solche Angsthierarchien angeführt. Natürlich muß die Reihenfolge der Situationen individuell auf den Grad und den Inhalt der

Angst abgestimmt werden. Nicht jeder empfindet die gleiche Situation gleich schwierig:

Angsthierarchie für das Sprechen in der Gruppe

- Sprechen in einem kleinen Kreis von Verwandten.
- Sprechen in einem kleinen Kreis von guten Bekannten.
- Sprechen in einem großen Kreis von Verwandten.
- Sprechen in einem kleinen Kreis von Unbekannten.
- Sprechen in einem großen Kreis von Unbekannten.
- Sprechen in einem großen Kreis von Unbekannten (und Ihre Aufregung wird sichtbar).
- Kontroverse Diskussion mit Bekannten.
- Kontroverse Diskussion mit Unbekannten.
- Kontroverse Diskussion mit Unbekannten (und Ihre Aufregung wird sichtbar).

Angsthierarchie für das Halten eines Vortrags

- Man weiß, man wird in einem Monat einen Vortrag halten.
- Man weiß, man wird am nächsten Tag einen Vortrag halten.
- Es ist eine Stunde vor einem Vortrag vor guten Bekannten.
- Es ist eine Stunde vor einem Vortrag vor Unbekannten.
- Es ist eine Stunde vor einem Vortrag, von dem beruflich etwas abhängt.
- Man findet beim Vortrag nicht sogleich die richtige Stelle des Manuskriptes, fängt sich aber wieder.
- Man bekommt eine unerwartete Zwischenfrage, die man nach kurzem Nachdenken beantworten kann.

Angsthierarchie für das Absolvieren einer Prüfung

- Man weiß, eine weniger wichtige Prüfung steht in einem halben Jahr an.
- Man weiß, daß eine wichtige Prüfung in einem halben Jahr ansteht.
- Man weiß, eine weniger wichtige Prüfung steht in einer Woche an.
- Man weiß, eine wichtige Prüfung steht in einer Woche an.
- Man sitzt bei einer weniger wichtigen Prüfung vor dem Prüfungsraum.
- Man sitzt bei einer wichtigen Prüfung vor dem Prüfungsraum.
- Man sitzt in der Prüfung (wichtig/weniger wichtig) und redet.
- Man sitzt im Prüfungsraum und hört eine Frage.
- Man sitzt im Prüfungsraum und kann eine Frage nicht gut beantworten; die Prüfung geht mit einer Frage weiter, die man beantworten kann.
- Man sitzt im Prüfungsraum und merkt, wie aufgeregt man ist.
- Man sitzt im Prüfungsraum und muß das Gefühl überwinden, daß einem nichts mehr einfällt.

Wie gesagt, dies sind nur Beispiele für Angsthierarchien. Jeder muß seine eigene Reihenfolge selbst herausfinden und auch die Situationen suchen, die weniger bzw. mehr Angst auslösen. Stellt man sich im entspannten Zustand solche angstauslösenden Situationen vor, kann es zu einer Löschung der Angst kommen.

Es sind verschiedene Gründe für die Wirksamkeit dieser Therapie genannt worden. Neben der theoretischen Herleitung aus den Lerngesetzen wurde darauf hingewiesen, daß ja bei dieser Methode auch immer eine bildhafte Bewältigung imaginiert wird und der Therapieerfolg auch auf der Bewältigungsvorstellung beruhen könnte (vgl. beruhigende Bildvorstellungen S. 94) und daß man lernt, Angstgedanken willkürlich an- und abzuschalten (s. Kap. 5 Abschnitt Gedankenstop und Gedankenersetzen).

Selbstanwendung der systematischen Desensibilisierung

Nun ist die Abfolge von Entspannungen und Bildvorstellungen recht kompliziert. Wenn man ohne fremde Hilfe diese Prozedur durchführen wollte, so würde allein die erforderliche Konzentration auf deren Ablauf eine Entspannung vermindern oder gar unmöglich machen.

Daher schlagen wir eine Vereinfachung vor. Die systematische Desensibilisierung wird in kleinere Einheiten aufgeteilt. Man nimmt sich abends (vor dem Schlafengehen oder auf der Couch) jeweils eine Bildvorstellung vor, die man in tiefer Entspannung visualisiert. Man fängt mit der einfachsten Vorstellung an und schreitet dann am nächsten Tag zu der nächstschwierigen Vorstellung.

Zusammenfassung: Systematische Desensibilisierung

Angst verlernen
Sich entspannen
Wenig angsterzeugende Situationen vorstellen
Keine Angst spüren
Täglich üben und sich dabei allmählich schwierigere Situationen vorstellen

Literatur

Fliegel St et al. (1994) Standardmethoden der Verhaltenstherapie. Beltz, Weinheim

Grawe K et al. (1994) Psychotherapie im Wandel. Hofgrefe, Göttingen
Wolpe J (1972) Praxis der Verhaltenstherapie. Huber, Bern

Augenbewegungen

In der bis heute wirksamsten Angsttherapie, der systematischen Desensibilisierung, soll der Klient sich den angsterzeugenden Reiz vorstellen und sich gleichzeitig in einem mit Angst unvereinbaren Zustand befinden; er soll entspannt sein. So soll die Angst verlernt werden.

Der Therapeut gibt eine Entspannungsinstruktion, und dann leitet er mit Worten die Vorstellung des angsterzeugenden Reizes ein. Dies kann man schlecht alleine ausüben, weil tiefe Entspannung und die Kontrolle über die doch komplizierte Prozedur nicht gut zusammenpassen.

Es gibt aber noch eine weitere, neue Desensibilisierungstechnik, die für die Selbstanwendung besser geeignet ist. Der Begründer der Therapietechnik der systematischen Desensibilisierung, Professor Wolpe, hat entdeckt, daß die Entspannung durch eine Augenbewegung ersetzt werden kann. Der Klient stellt sich wiederum den angsterzeugenden Reiz vor. Dabei folgt er mit den Augen einer Kugelschreiberspitze, die im Abstand von etwa 30 cm in 2 bis 3 Sekunden ein- bis zweimal so an den Augen vorbeibewegt wird, daß sie gleichmäßig den Weg von einer Position rechts außen des Blickfeldes nach links außen und wieder zurück nimmt. Der Kopf des Klienten bleibt still, nur die Augen bewegen sich also von rechts außen nach links außen.

Dies läßt sich nun viel besser allein durchführen als die zuerst beschriebene systematische Desensibilisierung.

Sie können sich den angsterzeugenden Reiz vorstellen und dabei die Augen 20mal von rechts außen nach links außen bewegen. Die Augen können dabei offen oder geschlossen bleiben, je nachdem, wie Sie die visuelle Vorstellung besser aufrechterhalten können. Dies kann jeden Tag ohne großen Aufwand ein- bis zweimal wiederholt werden.

Allerdings sollte man auch hier wieder beachten, daß man sich nicht gleich die Situation aussucht, die die größere Angst erzeugt, sondern mit mittleren oder kleineren Angstgraden beginnt, um dann bei einem Erfolg, also einer Verringerung der in der Vorstellung erlebten Angst, zu stärker angsterzeugenden Situationen überzugehen.

Solche etwas weniger angsterzeugenden Vorstellungen bei Prüfungen können z.B. sein:

- Sich vorstellen, einen Tag vor der Prüfung zu stehen
- Sich vorstellen, vor der Prüfung im Flur zu sitzen
- Sich vorstellen, mit dem Professor (oder Prüfer) eine Probeprüfung zu machen
- Sich vorstellen, eine Frage zu bekommen, die man leicht und ausführlich beantworten kann
- Sich vorstellen, wie man tatsächlich eine Prüfungsfrage leicht und flüssig beantwortet

Ein Vorteil der hier beschriebenen Vorstellungen ist auch noch, daß sie Erfolgszuversicht aufbauen.

Zusammenfassung: Augenbewegung

Auch die Kopplung einer vorgestellten Angstsituation mit einer bestimmten Augenbewegung kann Angst vermindern.

Selbsthypnose

Sie werden überrascht sein zu lesen, daß Sie selbst in Ihrem alltäglichen Leben schon viele Erfahrungen mit Hypnose und Selbsthypnose gemacht haben. Vielleicht erinnern Sie sich an eine Begegnung mit einem interessanten Menschen, der Ihnen auf lebendigste und faszinierendste Weise von einem spannenden Erlebnis berichtet hat. Sie waren dann völlig „weg", hörten nicht mehr, was um Sie herum noch passierte, die Zeit verging „wie im Fluge", alles andere als die Stimme, Gestik und Mimik des Erzählers war völlig unwichtig. In gewissem Sinne kann man sagen, daß Sie in dieser Situation hypnotisiert waren. Der Zustand, in dem Sie sich dabei befunden haben, ist dem Trancezustand in der Hypnose vergleichbar. In einer solchen Trance kann man nicht nur besonders intensiv zuhören, es ist dann sogar möglich, ganz besondere Leistungen zu erbringen. Spitzenspieler im Tennis beispielsweise spielen am besten, wenn sie „wie in Trance" sind; in Trance können unwillkürliche Körperfunktionen wie Herzschlag, Hautdurchblutung, Drüsenfunktionen – ja sogar die Hirnfunktionen – beeinflußt werden. So stellt die Hypnose ein durchaus mächtiges Instrument der Beeinflussung und Selbstbeeinflussung dar.

Früher ging man davon aus, daß der Hypnotiseur über bestimmte Kräfte verfügt, mit denen er sein Medium beeinflußt, ja sogar unter seinen Willen zwingen kann. Heute wissen wir, daß eine solche Beeinflussung immer nur möglich ist, wenn das Medium bereit ist mitzuwirken. Die Herstellung des Trancezustands ist immer die Leistung der hypnotisierten Person, nicht die Leistung des Hypnotiseurs. Der Hypnotiseur macht lediglich Angebote, die es seinem Medium erleichtern, in Trance zu gehen.

Besonders faszinierend ist die Möglichkeit, sich selbst zu hypnotisieren. Die Selbsthypnose bietet den unschätzbaren Vorteil, daß Sie den Trancezustand willkürlich hervorrufen können, ohne dabei auf eine andere Person (Arzt, Psychotherapeut) angewiesen zu sein. Damit sind Sie in der Lage, jederzeit oder wann immer nötig, diesen angenehmen und zugleich bei vielen Problemen besonders hilfreichen Zustand zu erzeugen. Allerdings gilt auch hier, daß Sie einige Zeit üben müssen, bis Sie schnell, fast „auf Knopfdruck“ in Trance gehen können. Aber bereits die Übungen auf dem Weg zu diesem Ziel werden Sie als außerordentlich angenehm und entspannend empfinden.

Persönliches Ruhebild

Bevor Sie mit der ersten Übung beginnen, wählen Sie sich Ihr *persönliches Ruhebild* aus. Dies ist ein Ort, an dem Sie sich besonders ruhig, entspannt und sicher gefühlt haben. Nehmen Sie sich für die Suche nach der Erinnerung an einen solchen Ort jetzt fünf Minuten Zeit. Sie sollten die Augen schließen und sich genau erinnern, wie dieser Ort ausgesehen hat, welche Geräusche, Töne dort zu hören waren, wie Sie sich dort gefühlt haben, vielleicht auch, wie es dort gerochen hat.

Beispiel

Eine äußerst nervöse Psychotherapieklientin mit Angstproblemen kann sich auf Anhieb sehr tief und angenehm entspannen, wenn sie sich an einen bestimmten Platz am Deich in Friesland erinnert, zu dem sie als Kind oft mit ihrem Fahrrad fuhr: Sie sieht in der Erinnerung das Grün der Wiesen, in der Ferne die Wellen des Meeres und genießt die Weite des Blickes. Sie hört das beruhigende Rauschen des Meeres, die Schreie der Möwen und die Geräusche, die der Wind macht. Sie hat wieder den typischen Geruch des Meeres in der Nase und spürt die Sonne und den Wind auf ihrer Haut. Sie fühlt sich tief entspannt, weit und frei.

Nachdem Sie nun Ihr Ruhebild gefunden haben, können Sie mit der Selbsthypnose beginnen. *Bevor Sie beginnen, wissen Sie: Bei unvorhergesehenen Ereignissen können Sie jederzeit sofort wach sein.*

Der erste Schritt bei der Selbsthypnose ist das Einüben einer tiefen Entspannung. Dazu können Sie die folgende Methode der Tiefenentspannung verwenden:

Suchen Sie sich einen Ort, an dem Sie für 20 Minuten aller Voraussicht nach ungestört sind. Setzen oder legen Sie sich in eine bequeme und behagliche Position.
Beginnen Sie immer mit der Formel: „Ich bin ganz ruhig."
Nun schließen Sie die Augen, erinnern sich an Ihr Ruhebild. Sagen Sie sich – leise oder hörbar – 4mal, was Sie – in Ihrem Ruhebild – sehen, dann 4mal, was Sie hören, und dann 4mal, was Sie fühlen. Wenn Ihre Wahrnehmung sich nicht ändert, können Sie sich auch mehrfach die gleichen Sätze sagen.
„Ich sehe … (z.B. die grüne Wiese)"
„Ich sehe … (z.B. die grauen Wellen des Meeres)"
„Ich sehe … (z.B. die grüne Wiese)"
„Ich sehe … (z.B. ein Schiff am Horizont)"
„Ich höre … (das Rauschen der Wellen)"
„Ich höre … (das Geschrei der Möwen)"
„Ich höre … (die Geräusche des Windes)"
„Ich höre … (das Rauschen der Wellen)"
„Ich fühle … (den Wind auf meiner Haut)"
„Ich fühle … (das freie Atmen)"
„Ich fühle … (den Wind auf meiner Haut)"
„Ich fühle … (den Sand an meinen Füßen)"
(Wenn in Ihrem Ruhebild ein Geruch wichtig ist, nehmen Sie das Riechen mit auf).

Dasselbe sagen Sie sich dann in derselben Reihenfolge (Sehen, Hören, Fühlen, evtl. Riechen) 3mal, 2mal und dann noch je 1mal.

Genießen Sie die angenehme Ruhe, die sich einstellt, wenn Sie sich die Umgebung Ihres Ruhebilds vorstellen, sich an Geräusche erinnern, wieder den Geruch in Ihrer Nase haben und die Empfindungen auf Ihrer Haut, in Ihrem Körper spüren.

Erlauben und genießen Sie es eine Weile (einige Minuten), wie sich dieser Trancezustand von selbst entwickelt, tiefer oder flacher wird.

Sagen Sie sich jetzt:

„Meine Arme sind schwer, ganz schwer."(3mal)
„Ich bin ganz ruhig." (1mal)
„Meine Beine sind schwer, ganz schwer." (3mal)
„Ich bin ganz ruhig." (1mal)
„Meine Arme sind warm, ganz warm." (3mal)
„Ich bin ganz ruhig." (1mal)
„Meine Beine sind warm, ganz warm." (3mal)
„Ich bin ganz ruhig." (1mal)

An dieser Stelle können Sie später Ihre Zielsuggestionen einführen.

Genießen Sie noch einmal die Entspannung. Wenn Sie ausreichend lange entspannt waren, werden Sie von selbst den Wunsch haben, die Augen zu öffnen. Zählen Sie dann von der Zahl 20 aus rückwärts, und mit jeder Zahl kommen Sie mehr und mehr in den Wachzustand zurück. Bei einer Zahl Ihrer Wahl öffnen Sie die Augen, strecken die Arme aus, ballen und lockern die Fäuste 3mal, setzen die Füße fest auf, atmen tief durch und orientieren sich frisch erholt in den Raum zurück.

Sie brauchen für diese Übung etwa 15 Minuten. Zu Beginn ist es vielleicht nützlich, wenn Sie einen Wecker stellen, um diese Zeitspanne nicht zu über-

schreiten, aber auch, damit Sie in der Entspannung nicht daran denken müssen, wieviel Zeit schon verstrichen ist. Sehr bald werden Sie ein Gefühl für die Zeitspanne entwickelt haben und ohne dieses äußere Hilfsmittel die Übung beenden.
Führen Sie diese Übung möglichst zweimal täglich durch, z.B. am späten Vormittag und dann noch einmal am Nachmittag.

Woran erkennen Sie selbst, daß Sie in Trance sind?

Oft ist es schwierig zu erkennen, ob man sich im Trancezustand befindet. Der Übergang vom Wach- zum hypnotischen Zustand vollzieht sich manchmal fast unmerklich, und Sie stellen die Veränderungen erst nach einigen Übungen fest.

Anzeichen dafür sind:

- Sie haben selbst das Gefühl, entspannt zu sein.
- Sie stellen Empfindungen wie Schwere, Wärme, Prickeln, Leichtigkeit an Ihrem Körper fest.
- Sie verlieren das Gefühl für die Zeit. Die Übungszeit kommt Ihnen länger oder kürzer als die objektive Zeit vor (Wenn Sie zu Beginn und am Ende Ihrer Übung auf die Uhr sehen, können Sie diese Zeit mit der von Ihnen erlebten Zeitspanne vergleichen).

Nach einigen Wochen können Sie die Übungszeit verkürzen und es genügt, wenn Sie sich bequem hinsetzen und einfach das Ruhebild einstellen.

Mit dieser Übung können Sie auf längere Sicht mehr Ausgeglichenheit in körperlicher und seelischer Hinsicht erreichen. In Streßsituationen können Sie sich auf diese Weise beruhigen und in Belastungszeiten können Sie sich in kurzer Zeit erholen und neue Kräfte sammeln.

Zusammenfassung: Tiefenentspannung

Persönliches Ruhebild
„Ich bin ganz ruhig."
„Ich sehe, ich höre, ich fühle ..."
„Arme und Beine sind schwer und warm."

Suggestionen in der Selbsthypnose

Die Selbsthypnose ist jedoch nicht nur geeignet, angenehme Entspannung hervorzurufen. Während des Trancezustands können Sie auf sehr effektive Weise lernen, unerwünschte automatisch ablaufende Prozesse, wie z.B. pessimistische, selbstabwertende Gedanken, zu unterbrechen und positive Gedanken und Verhaltensweisen einzuüben.

Vielleicht haben Sie bei Leichtathletikwettkämpfen im Fernsehen beobachten können, daß die Spitzenathleten vor ihrem Wettkampf wie versunken auf dem Rasen saßen. In diesen Minuten sind die Athleten nicht nur entspannt, sondern sie befinden sich in Trance. Alle ihre Gedanken sind auf den Erfolg eingestellt, und sie nehmen in ihrer inneren Vorstellung detailliert die einzelnen Phasen und Bewegungsabläufe einer gelungenen Wettkampfleistung vorweg. Diese innere Übung steuert dann, ganz von selbst, das Denken und Verhalten im Wettkampf.

In der Trance können Sie sich selbst Anweisungen geben, wie Sie Ihre Persönlichkeit entwickeln wollen oder wie Sie schwierige Situationen in der Zukunft sicherer und besser bewältigen. Solche Selbstanweisungen in der Trance nennt man *Autosuggestionen* (Unterschied zu Fremdsuggestionen, die ein Hypnotiseur oder Therapeut gibt). Die Autosuggestionen können sprachlicher Art sein, aber noch besser wirken sie in Form von detaillierten inneren Bildern. Sie können auch ablaufen wie ein innerer Tonfilm, in dem Sprache und Bilder zusammenwirken.

Beispiel

Ein junger Mann hatte den praktischen Teil seiner Führerscheinprüfung nicht bestanden. Er war gut und sicher gefahren, bis der Prüfer zu ihm sagte: „Gut, fahren Sie jetzt nur noch zum Ausgangspunkt zurück." Unbewußt faßte der junge Mann diesen Satz so auf, als ob die Prüfung beendet sei. Seine Konzentration ließ nach, und er machte einen gravierenden Vorfahrtsfehler.

Auf die Wiederholungsprüfung stellte er sich ein, indem er sich eine Woche lang täglich 2mal in Trance versetzte und in diesem Zustand die Prüfung innerlich ablaufen ließ. Er stellte sich auch vor, daß der Prüfer ihn bittet, nur noch zum Ausgangspunkt zurückzufahren. An dieser Stelle sagte er sich: „Ich bleibe konzentriert und aufmerksam, bis ich das Auto verlassen habe." Dann ließ er den inneren Film weiterlaufen, bis er voller Konzentration den Wagen verlassen konnte.

Nach der bestandenen Prüfung berichtete er, daß die Aufforderung des Prüfers, zum Ausgangspunkt zurückzufahren, bei ihm noch einmal einen Konzentrationsschub bewirkt habe.

Aus dieser Erfahrung lernt er, seine Persönlichkeit so zu entwickeln, daß er Aufgaben, die ihm gestellt werden, konzentriert zu einem guten Ende bringt.

Sie können jetzt für das Ziel, das Sie erreichen möchten, Ihre eigenen Suggestionen entwerfen. Dabei sind einige wichtige Regeln zu beachten:

Regeln für die Erstellung von Autosuggestionen

- Die Autosuggestionen müssen den *erwünschten* Zustand beschreiben!
  Falsch: Ich werde keine Angst mehr haben.
  Richtig: Ich werde ruhig und selbstbewußt sein.
- Die Autosuggestionen sollen möglichst konkret und spezifisch sein!

Möglich: Ich werde ruhig und selbstbewußt sein.
Besser: Ich werde meinen Atem kontrollieren (Schnellentspannung durchführen), ich werde auf eine Person bei der Party zugehen und eine lobende Bemerkung machen.

- Die Autosuggestionen müssen immer das gewünschte Resultat enthalten!
Richtig: Ich lächle freundlich. Ich lasse mich auf ein Gespräch ein.
- Visualisieren Sie Ihre Suggestionen, d.h. stellen Sie sich die gewünschten Situationen bildhaft vor!

Posthypnotische Suggestion

Es ist wichtig, daß die Wirkungen Ihrer Suggestion zum erforderlichen Zeitpunkt sicher eintreten. Wenn Sie Ängste haben, vor Gruppen zu sprechen, dann soll die Wirkung bei der nächsten Konferenz eintreten; wenn Sie Prüfungsängste haben, soll die Suggestion in der Prüfung Ihren Erfolg sichern. Dazu dient die posthypnotische Suggestion: Die Suggestion wird an einen Auslöser, z.B. eine Uhr, gekoppelt, der in der kritischen Situation auf jeden Fall vorhanden ist.

Sie haben z.B. die Erfahrung gemacht, daß Sie in schriftlichen Prüfungen hektisch werden, weil Sie unter Zeitdruck geraten. Dann könnte die posthypnotische Suggestion lauten: „Jedesmal wenn ich auf meine Uhr schaue, atme ich ganz ruhig ein und aus und arbeite zügig, Schritt für Schritt weiter." Sie können sich dann dies auch bildhaft vorstellen, z.B. wie Sie in der Prüfung sitzen, auf Ihre Uhr schauen, ruhig atmen und zügig arbeiten.

Zusammenfassung: Kopplung an einen Auslöser

Koppelung der Autosuggestion an einen Auslöser, der in der Ernstsituation in jedem Fall vorhanden ist

Ihre Autosuggestionen und posthypnotischen Autosuggestionen fügen Sie an der kursivgedruckten Stelle des Textes zur Tiefenentspannung ein. Beginnen Sie jedoch erst mit den Übungen, wenn Sie sich sicher und zuverlässig in eine Entspannungstrance versetzen können!

Zum Schluß noch einmal die Warnung: Verwenden Sie ausschließlich positive, erfolgsorientierte Autosuggestionen und Bilder! Das bildhaft arbeitende Unbewußte kann eine Verneinung nicht speichern. Also wenn Ihre (schlechte) Autosuggestion für einen Vortrag lauten würde „Ich werde nicht stottern", würde es Sie (trotz des „nicht") als Stotterer während des Vortrags im Gedächtnis behalten. Da solche Bilder außerordentlich mächtig sein können, wäre das fatal und würde Ihrem Ziel genau entgegenwirken. Richtig wäre die posthypnotische Suggestion: „In dem Moment, in dem ich auf mein Manuskript blicke, bin ich ganz konzentriert und spreche leicht und flüssig."

Literatur

Alman BM, Lambrou PT (1995) Selbsthypnose. Carl Auer, Heidelberg

Kommentar: Ein seriöses, anwendungsbezogenes Handbuch. Kaum theoretisches Wissen.

Kossak H–Ch (1993) Lehrbuch Hypnose. Psychologie Verlags Union, München

Kossak H–Ch (1992) Studium und Prüfungen besser bewältigen. Quintessenz, München

Nutzen Sie Ihre positiven Erfahrungen: Ankern

Viele Menschen erleben, wie Erinnerungen und Gefühle aus ihrer Kindheit manchmal plötzlich wieder auftauchen: Der Geruch des Weihnachtsgebäcks, des Kerzenduftes, des Adventskranzes oder der Anblick des Tannenbaumes rufen auch bei älteren Menschen die Weihnachtsstimmung, so wie sie sie als Kind erlebt haben, wieder hervor. Nicht nur Kinder, auch viele Erwachsene, nehmen einen Teddybären oder ein Kuscheltier mit ins Bett und fühlen sich dann so sicher und geborgen wie in der Nähe der schutzgewährenden Eltern.

Wichtige Erfahrungen (dies gilt sowohl für positive als auch für negative Erlebnisse) bleiben für das ganze Leben im Gedächtnis gespeichert. Man denkt zwar meist nicht mehr an sie, aber wenn ein bestimmter äußerer Reiz auftritt, der einmal mit der Erinnerung und dem Gefühl verbunden war, tritt dieses längst vergessene Gefühl ganz plötzlich und reflexartig wieder auf. Dies ist vielleicht auch der Grund dafür, daß viele Menschen Urlaubsfotos machen und Feste und Familienfeiern auf Videofilmen oder Fotos festhalten. Beim späteren Betrachten der Filme oder Bilder werden die angenehmen Erinnerungen und Gefühle wieder lebendig.

Es erscheint nun plausibel, vergangene positive Erfahrungen und die damit verbundenen Gefühle für die Bewältigung von Belastungssituationen nutzbar zu machen. Wer in Prüfungen, bei Verabredungen, Reden, Vorstellungsgesprächen oder anderen Bewertungssituationen Erfolg hatte, für den lösen ähnliche, neue Situationen ganz unwillkürlich Erinnerungen und Gefühle aus, die mit diesen Erfolgen verbunden waren. Man kann dann optimistischer, zuversichtlicher, emotional ruhiger und konzentrierter solche Belastungssituationen bestehen.

Sind jedoch Belastungssituationen mit negativen Gefühlen wie z.B. Angst verbunden, dann ist ein Umlernen angebracht.

Mit der folgenden Übung können Sie erfahren, daß Gefühle der Kompetenz, der Erfolgszuversicht, der Freude und Sicherheit aus Ihrem persönlichen Erfahrungsschatz „wie auf Knopfdruck" abgerufen werden können. Der Mechanismus ist derselbe wie der, den Sie erleben, wenn Sie hungrig sind und Ihnen der Duft Ihres Lieblingsgerichtes in die Nase steigt. Ohne daß Sie es verhindern können, läuft Ihnen das Wasser im Mund zusammen. Genauso automatisch können Sie in Belastungssituationen, ohne daß andere Personen, wie z.B. die Prüfer, dies bemerken, die positiven Erfahrungen aus früheren Situationen aufrufen und so Ihre Gefühlslage beeinflussen. Diese Methode (vgl. Bandler und Grinder 1984) ist besonders günstig, weil sie auf Ihre eigenen, ganz persönlichen Erfahrungen zurückgreift und die Ressourcen nutzbar macht, über die Sie bereits verfügen.

Denken Sie jetzt an ein Erfolgserlebnis zurück. Nehmen Sie sich einige Minuten Zeit, eine Episode zu erinnern, in der Ihnen etwas wirklich gut gelungen ist. Das kann eine Leistungssituation sein, aber Sie können auch eine Situation aus anderen Lebensbereichen nutzen.

Beispiel

Ein Student, der sich unsicher im Kontakt mit Frauen fühlt, spielt in seiner Freizeit gern Tischtennis. Er kann sich sehr gut an ein Match erinnern, in dem es ihm gelang, ganz locker und ohne bewußte Anstrengung so gut zu spielen, daß er selbst überrascht war. Mit großer Leichtigkeit gelang es ihm, schwierigste Bälle zu erreichen und Punkt um Punkt zu gewinnen. Er fühlte sich plötzlich ganz sicher und spürte ganz deutlich, wie stimmig er in dieser Situation reagierte, wie seine Bewegungen fließend und zugleich präzise abliefen und wie er schon während der Schlagbewegung das sichere Gefühl hatte, daß er den Ball in der richtigen Geschwindigkeit, mit Effet zielgenau plazieren konnte. In der Erinnerung konnte er die Sporthalle, seinen Mitspieler, die Tischtennisplatte, den Ball und andere Details wieder *sehen*, die Geräusche des Balles auf dem Schläger und der Platte *hören* und die Stimmigkeit und Erfolgssicherheit wieder körperlich *fühlen*. Nach einigen Übungen konnte er diese Erfahrung in sozialen Situationen mit Frauen nutzen und sich in ihrer Gegenwart lockerer und gelöster fühlen. Er war dann auch in der Lage, einige nützliche Strategien zum Anknüpfen von Kontakten einzusetzen und mehr Anklang beim anderen Geschlecht zu finden.

Vielleicht finden Sie eine ähnliche Erinnerung, wahrscheinlich aber eine ganz andere. Verwenden Sie für die folgende Übung also eine erinnerte Episode, in der Sie ein Erfolgsgefühl hatten. Wenn Sie mehrere Situationen erinnern, wählen Sie die aus, in der Sie sich als besonders erfolgreich erlebt haben. Sollten Sie nicht auf Anhieb eine Situation finden, in der alle Elemente rundum positiv waren, dann verwenden Sie diejenige, die Sie Ihrer Erinnerung nach am angenehmsten erlebt haben. Wichtig ist, daß die Situation für Sie gut ausging. Alle Menschen haben irgendwann eine Erfolgssituation erlebt, sei es im Beruf, in der Schule, im sozialen Umgang, im Sport, beim Ausüben eines Hobbys, als Kinder oder als Erwachsene. Legen Sie sich eine kleine Liste von solchen Erinnerungen an und lesen Sie diese Liste immer wieder einmal durch.

Nachdem Sie nun eine Episode ausgewählt haben, entspannen Sie sich, so gut Sie können. Setzen Sie sich bequem hin, schließen Sie die Augen, legen Sie Ihre Hände locker auf die Oberschenkel, so daß sie sich nicht berühren, atmen Sie einige Male ruhig ein und aus und stellen Sie sich die Situation, so gut Sie können, wieder vor. Konzentrieren Sie sich dabei zunächst nur auf das, was Sie in dieser Situation sehen. Sagen Sie sich innerlich dreimal, was Sie sehen, z.B.:

„Ich sehe das Trikot meines Mitspielers."
„Ich sehe die grüne Tischtennisplatte."
„Ich sehe den gelben Ball."
Während die Augen geschlossen bleiben, führen Sie jetzt die rechte Hand auf den Handrücken der linken Hand und dann nach einem kurzen Moment (etwa eine Minute) wieder auf den rechten Oberschenkel zurück.
Sagen Sie sich dann innerlich, was Sie *hören*, z.B.:
„Ich höre das Geräusch des Balles auf der Platte."
„Ich höre die Stimme meines Mitspielers."
„Ich höre das Geräusch des Balles auf der Platte."
(Wiederholungen sind durchaus zulässig.)
Während die Augen geschlossen bleiben, führen Sie jetzt die rechte Hand auf den Handrücken der linken Hand und dann nach einem kurzen Moment wieder auf den rechten Oberschenkel zurück.
Sagen Sie sich dann innerlich, was Sie *fühlen*, z.B.:
„Ich fühle, wie ich immer sicherer werde."
„Ich fühle, wie ich mich freue."
„Ich fühle, wie ich freier und leichter atme."
Während die Augen geschlossen bleiben, führen Sie jetzt wieder die rechte Hand auf den Handrücken der linken Hand und dann nach einem kurzen Moment wieder auf den rechten Oberschenkel zurück.
Stellen Sie sich nun die erinnerte Szene komplett vor, was Sie *sehen, hören* und *fühlen.*
Lassen Sie die Augen noch immer geschlossen und führen Sie jetzt wieder die rechte Hand auf den Handrücken der linken Hand und dann nach einem kurzen Moment wieder auf den rechten Oberschenkel zurück.

Führen Sie diese Bewegung noch einmal aus und beobachten Sie, wie die Szene mit der dazugehörigen Gefühlstönung wieder erscheint.
Genießen Sie nun noch eine Weile die Entspannung und das angenehme Gefühl Ihrer Erfolgserinnerung. Öffnen Sie dann die Augen, strecken Sie die Arme weit vor, ballen Sie die Hände zur Faust und atmen Sie tief ein und aus.
Den Berührungsreiz der rechten Hand auf dem Handrücken der linken Hand nennt man *Anker*. Die positiven Erfahrungen aus der Erfolgssituation sind nun an diesen Anker gekoppelt. Nach einigen Wiederholungen dieser Übung werden Sie feststellen, daß allein die Berührung des Handrückens die positive Gefühlstönung hervorruft. In vielen Belastungssituationen ist es möglich, völlig unauffällig diesen Anker zu verwenden. Die Berührung des Handrückens ist eine natürliche Bewegung, die in Prüfungen, bei Reden, Verabredungen usw. völlig selbstverständlich ablaufen kann. Vielleicht geht es Ihnen so wie vielen Teilnehmern von Ausbildungskursen, die diese Methode erlernt haben. In der Prüfung führten sie dann diese Bewegung ganz von selbst, ganz unbewußt aus. Erst nach der gut gelungenen Prüfung wurde ihnen bewußt, daß sie auf diese Weise ihre eigenen Kräfte und Fähigkeiten aktiviert hatten.

Zusammenfassung: Ankern

Erinnern Sie sich an eine Erfolgssituation aus Ihrem Leben. Stellen Sie sich diese Situation auf den Sinneskanälen *Sehen, Hören, Fühlen* lebhaft vor. Ankern Sie dieses Erfolgsgefühl auf Ihrem Handrücken. Rufen Sie es dann bei Bedarf durch Berührung des Handrückens ab.

Literatur

Bandler R, Grinder J (1984) Neue Wege der Kurzzeit-Therapie. Junfermann, Paderborn

Techniken zur Kontrolle von Gedanken und inneren Bildern

Irrationale Überzeugungen aufgeben

Manchmal sind starke Ängste auch einfach die Folge *irrationaler Überzeugungen*. Sicher ist es wichtig, eine Prüfung zu bestehen oder in einer Gruppe von Kollegen einen guten Eindruck zu machen. Aber es ist sicher nicht lebenswichtig. Die Ängste sind aber so stark, als ob es ganz unerträglich, ganz schrecklich wäre, wenn es zu einem Scheitern bei einer angestrebten Leistung kommt.

Es gibt Argumente, die einem helfen zu verstehen, daß es zwar unangenehm ist, eine angestrebte Leistung zu verpassen, aber eben nicht unerträglich. Tatsächlich können wir es ja ertragen. Wenn wir es nicht ertrügen, wären wir ja tot, und dann wäre das Problem ohnehin bedeutungslos.

Das Leben geht nämlich ganz unabhängig davon, wie die Leistung ausfällt, weiter. Ebenso gehen die positiven Dinge des Lebens weiter. Auch wenn Sie die Leistung nicht schaffen, wird Ihnen eine bevorzugte Speise noch schmecken. Und auch das Genießen des Rosendufts hängt nicht von Prüfungen ab. Es ließen sich noch viele andere Beispiele dafür finden, daß Sie grundsätzlich das Leben weiter genießen würden.

Bei Vorträgen kann auch das einzelne Ereignis zu sehr im Vordergrund stehen. Die irrationale Überzeugung ist dann: „Das Urteil der Fachkollegen wird mit diesem einen Vortrag ein für allemal feststehen." Die Wahrheit ist doch eher, daß es immer überkritische, aber auch wohlwollende Hörer gibt – und natürlich eine große Fraktion, die gar nicht zuhört (z.B. weil sie in Gedanken mit eigenen Vortragsängsten beschäftigt ist).

Sicher, man würde sich vor den Eltern und Freunden blamieren, wenn es schief ginge. Andererseits: Hängen Ihre freundschaftlichen Gefühle anderen gegenüber davon ab, ob diese ein Examen bestehen? Ihre Eltern würden Sie sicher nicht verstoßen, wenn Sie bei einem Examen durchfallen. Und wenn sie es doch tun, müssen Sie aber zugeben, daß der Fehler bei Ihren Eltern liegt.

Am schlimmsten ist sicher der Gedanke, ganz wertlos zu sein, wenn man es „nicht schafft". Bei einem solchen Gedanken hätte man nun Kränkungen in der Erziehung zu seinem eigenen Schaden vollständig übernommen, ja sogar für sich verschärft. Man kann doch ein hilfreicher und charakterstarker Mensch sein, auch wenn man einen angestrebten Erfolg nicht schafft. Man kann sogar ein erfolgreicher Mensch sein: Viele unserer Mitmenschen, die absolute Nichtsnutze waren und durch fast alle Prüfungen gefallen sind, waren später im Leben sehr erfolgreich. Sie müssen nur einmal die Lebensläufe berühmter Persönlichkeiten studieren, dabei werden Sie auf viele Beispiele stoßen (vgl. z.B. Schneider 1992).

Nehmen wir nur einmal van Gogh, der als Prediger scheiterte, als Angestellter in Kunsthandlungen nicht Fuß faßte, von der Kunstakademie verwiesen wurde – und dennoch einer der berühmtesten Maler der Moderne werden konnte.

Neben das Bild von Kleist setzt Schneider die Zeilen: „Ein erfolgloser Dichter und verkrachter Journalist, ein kleinwüchsiger Tölpel mit einer Sprachhemmung am Rand des Stotterns" – er wollte 1808 das Wohlwollen des großen Goethe gewinnen. Doch der empfand „Schauder und Abscheu“ (Schneider 1992, S. 441). Dennoch zählt Kleist heute zu den großen deutschen Dichtern.

Ein besonders tröstliches Argument bietet in diesem Zusammenhang die asiatische Zen-Philosophie. Sie sagt, das „Ich“ ist eigentlich eine Illusion. Was man selbst ist bzw. zu sein glaubt, bestimmt sich immer aus der Relation zu anderen. Man ist nur in Beziehung zu einer erfolglosen Person erfolgreich; umgekehrt ist man nur erfolglos, weil ein anderer erfolgreicher ist. So kann der Erfolgreiche seine Position also nur daher einnehmen, daß andere erfolglos sind. Jetzt wird klar, daß der Erfolglose dem Erfolgreichen erst seine Position ermöglicht. Der Hübsche ist nur daher so hübsch, weil einige Häßliche es ihm ermöglichen. Also tun die Häßlichen dem Hübschen mehr als einen Gefallen: Sie ermöglichen es ihm erst, hübsch zu sein. Daher sollten sie kaum auf ihn herabsehen, sondern ihm dankbar sein.

Wenn Sie einer Anforderung nicht genügen (auch wenn dies mehrfach passiert), muß das ja nicht so bleiben. Sie haben in Ihrem Leben schon viel gelernt, z.B. die komplizierte deutsche Sprache. Also werden Sie auch wieder Erfolg bei neuen Aufgaben haben.

> Sammeln Sie im inneren Dialog oder auf einem Blatt Papier Ihre eigenen Argumente dafür, warum Ihr Wert als Mensch nicht von der gewünschten Leistung abhängt;
> warum Sie Ihr Leben weiter genießen können, wenn Sie Mißerfolg haben;
> warum Ihre Mitmenschen Sie weiter mögen werden;
> warum ein Mißerfolg und auch viele Mißerfolge nicht bedeuten, immer Mißerfolg zu haben.

Der Erfolg dieser Übung liegt in einer veränderten philosophischen Grundeinstellung. Man lernt zu denken: „Ich gebe mir Mühe. Wenn ich einmal scheitere, so ist das zwar unangenehm, aber ich mag mich dennoch. Ich lebe mit mir selbst und mag mich, auch wenn ich einmal Mißerfolg habe. Auch dann halte ich zu mir selbst, kann sicher weiter viele Dinge des Lebens genießen, neue Genüsse entdecken und neue Leistungen vollbringen."

Und in dem Maße, in dem es gelingt, dieser Grundhaltung näher zu kommen, wird die Angst vor Prüfungen und Auftritten geringer.

In einer etwas anderen didaktischen Form arbeitet die von Ellis begründete Rational-Emotive-Therapie damit, daß die persönliche Einstellung bzw. Bewertung einer Situation wichtig ist für Erfolge und Verhaltensänderungen.

Sie geht von folgendem aus: Ein Anlaß (A) wird mit den eigenen Überzeugungen bewertet (B) und führt erst durch die Bewertung zu den Konsequenzen (C). In der Therapie müssen die Überzeugungen neu diskutiert werden (D). Ellis spricht von einem A-B-C-D-Schema.

Besonders das Kind kann vieles noch nicht, ist im Vergleich zum Erwachsenen ungeschickt und muß im Laufe von Erziehung und Lernprozessen – auch von anderen Kindern und Geschwistern – mancherlei Kritik und Spott einstecken. Eltern können streng und leistungsfordernd sein, das Kind ständig überfordern und so den Keim einer lebenslangen Angst vor Leistungsproben legen. Auch wenn die Kinder von strengen und überfordernd erziehenden Eltern im Jugend- und Erwachsenenalter selbst recht kompetent geworden sind und stolz auf ihre tatsächlichen Leistungen sein können, bleibt die im Kindesalter entstandene Angst bestehen und kann eben nicht einfach durch positive Erfahrungen im Leistungsbereich überwunden werden. Die Psychotherapieklienten von Ellis kamen oft aus Elternhäusern, in denen typische irrationale Überzeugungen herrschten. Häufig hatten die Klienten diese Überzeugungen, bewußt oder unbewußt, übernommen und behinderten sich damit in ihrem Leben. Die wichtigsten irrationalen Überzeugungen, die Ellis zusammengefaßt hat, geben wir hier wieder. Sie können selbst prüfen, ob eine oder mehrere dieser Überzeugungen auf Sie oder Ihr Elternhaus zutreffen.

- Die Meinung, es sei für jeden Erwachsenen absolut notwendig, von praktisch jeder anderen Person in seinem Umfeld geliebt oder anerkannt zu werden.
- Die Meinung, daß man sich nur dann als wertvoll empfinden dürfe, wenn man in jeder Hinsicht kompetent, tüchtig und leistungsfähig ist.
- Die Idee, daß bestimmte Menschen böse, schlecht und schurkisch seien und für ihre Schlechtigkeit streng zu rügen und zu bestrafen seien.
- Die Vorstellung, daß es schrecklich und katastrophal sei, wenn die Dinge nicht so sind, wie man sie gerne haben möchte.
- Die Vorstellung, daß menschliches Leiden äußere Ursachen habe und daß der Mensch wenig Einfluß auf seinen Kummer und seine sozialen und psychischen Probleme nehmen könne.
- Die Überzeugung, daß man sich über tatsächliche oder vorgestellte Gefahren große Sorgen machen und sich ständig mit der Möglichkeit ihres Eintreffens befassen müsse.
- Die Meinung, es sei leichter, bestimmten Schwierigkeiten auszuweichen, als sich ihnen zu stellen.
- Die Vorstellung, daß man sich auf andere verlassen solle und daß man einen Stärkeren brauche, auf den man sich stützen kann.

- Die Vorstellung, daß die eigene Vergangenheit entscheidenden Einfluß auf unser gegenwärtiges Verhalten habe und daß etwas, das sich früher einmal auf unser Leben auswirkte, dies auch weiterhin tun müsse.
- Die Neigung, sich über die Probleme und Verhaltensschwierigkeiten anderer Leute aufzuregen.
- Die Vorstellung, daß es für jedes menschliche Problem eine absolut richtige, perfekte Lösung gebe und daß es eine Katastrophe sei, wenn diese perfekte Lösung nicht gefunden wird.

Ein Beispiel für die Wirkung und Überwindung von irrationalen Überzeugungen

Bei Franz, einem Jura-Studenten mit starker Prüfungsangst, ergaben sich im therapeutischen Gespräch zwei irrationale Überzeugungen. Zum einen war in der strengen und leistungsfordernden Erziehung immer an seinen Fähigkeiten gezweifelt worden. Die Eltern liebten es, zu ihm zu sagen: „Dummheit und Stolz wachsen auf einem Holz." Er zweifelte selbst an seinen Fähigkeiten und hatte die Erwartung, nur durch Glück das Examen bestehen zu können. Dazu war die elterliche Zuneigung in der insgesamt eher kühlen Familienatmosphäre stark von Schulleistungen abhängig. Weil Franz, der nur mittelmäßige Schulleistungen erreichte, so (auch im Vergleich zu seinem Bruder) also nur wenig Liebe und Zuneigung gewinnen konnte, verband sich mit Prüfungen und Prüfungsergebnissen die Sorge, als Mensch abgelehnt, nicht geliebt zu werden.
Zunächst wurden also im therapeutischen Gespräch vergangene Erfolge und Mißerfolge betrachtet. Franz hatte – wenn auch nicht mit „sehr gut" – immer alle Anforderungen geschafft, ja, er hatte – als Elektronikbastler – in einem Hobbybereich sogar einige ganz beachtliche Leistungen vorzuweisen. Er konnte verstehen, daß er „alles schaffen kann, was er wirklich will".
Sodann überlegten wir, inwiefern die Zuneigung seiner Freundin, seiner Eltern und seiner Freunde an den Examenserfolg gekoppelt ist. Dabei wurde ihm deutlich, daß seine Eltern ganz unabhängig von einem Erfolg oder Mißerfolg distanziert skeptisch sein würden, seine Freundin und seine Freunde aber ganz unabhängig von einem

Prüfungsergebnis ihm zugewandt sein würden. Natürlich war ihm schon klar, daß es nicht darum ging, die emotionale Zuwendung der Prüfer zu gewinnen. Dies aber auszusprechen erheiterte ihn und befreite irgendwie. Er erkannte, daß unbewußt eine Übertragung der im Elternhaus gelernten „Leistungs-Zuneigungs-Verbindung" auf die Prüfungssituation stattgefunden hatte.
Zur Überwindung der unbewußten Überzeugung wurde eine neue *rationale* Annahme gefunden. Wir entwickelten die Autosuggestionen: „Die Liebe der Prüfer ist mir gleich, ich möchte das Examen bestehen" und „Die Zuneigung meiner Freunde besteht unverändert". Die Wiederholung dieser Autosuggestionen jeden Abend vor dem Einschlafen bewirkte eine wesentliche Beruhigung. Franz bestand das Jura-Examen nicht mit „sehr gut", aber mit „befriedigend". Im Gegensatz zu früheren Prüfungen konnte er sich nun einfach darüber freuen, bestanden zu haben. Er konnte sich nämlich jetzt ganz unabhängig von der Prüfungsnote der Zuneigung seiner Freunde und Beziehungspersonen sicher sein.

Der Ursprung der irrationalen Überzeugungen reicht sicher weit in die Kindheit zurück. Daher sind sie auch nicht immer bewußt und müssen manchmal mit der Hilfe des Therapeuten ans Licht gebracht werden.

Zusammenfassung: Irrationale Überzeugungen aufgeben

Die irrationale Überzeugung „Mißerfolg ist eine Katastrophe"
durch realistische Überzeugungen ersetzen: „Das Leben geht weiter und macht weiter Spaß."

Literatur

Ellis A, Grieger R (1979) Praxis der Rational-Emotiven Therapie. Urban & Schwarzenberg, München

Innerer Dialog mit der Angst

Die Angst erlebt man als einen „Fremden im eigenen Haus". Man will sie nicht bei sich haben, man findet die Angst zu stark.

Aber warum nicht einfach einmal die Angst kennenlernen, mit ihr in einen Dialog treten? Tatsächlich ist ja auch die Angst ein – vielleicht nützlicher – Teil der Gesamtperson.

Das mag zunächst albern erscheinen, hat die Angst doch keine eigene Stimme und natürlich keine eigenen Gedanken. Andererseits ist auch das eigene Denken kein völlig einheitlicher Vorgang, es mischen sich verschiedene Stimmen ein. Der Körper möchte vielleicht schlafen oder im Wald wandern und versucht, dies durch das Gefühl der Müdigkeit zu signalisieren; das planende Bewußtsein möchte aber lernen. So kann es passieren, daß die Bedürfnisse des Körpers bei der „Abstimmung" darüber, was zu tun ist, immer verlieren, der Körper schließlich nicht mehr mitspielen will und z.B. mit einer Erkältung reagiert.

Vielleicht kann man sich die verschiedenen Anteile des Denkens und des Fühlens wie ein großes Parlament vorstellen, das immer Mehrheiten bilden muß, wenn Entscheidungen gefordert sind. Bewußt werden jeweils nur die Entscheidungen, nicht aber die Abstimmung einzelner Mitglieder oder gar die Bedürfnislage und die Gründe der Mitglieder.

Eine derartiges Mitglied (Teilperson) ist die Angst. Auch sie will etwas bewirken. Wahrscheinlich hat man mit Bewertungssituationen in der Kindheit und Jugend schlechte Erfahrungen gemacht. Die Angst warnt uns nun und „fragt an", ob man die Situation nicht besser vermeiden sollte. Wenn die Situation unvermeidlich ist, wie dies ja bei Prüfungen oft der Fall ist, mobilisiert die

Angst dann eben alle Kräfte, um die Situation zu bewältigen.

Auch die Angst gehört zu diesem Parlament und muß als Teil der Person einmal ernst genommen werden. In einer entspannten Situation, z.B. im Bett vor dem Einschlafen, können Sie einen Dialog mit der Angst versuchen. Sie stellen Fragen, und die Antworten kommen Ihnen in den Sinn. Oft sind die Antworten ganz überraschend und auch erstaunlich einsichtsvoll.

Solche Fragen können z.B. sein:

- „Angst, was tust du für mich?"
- „Angst, was wünschst du dir von mir?"
- „Angst, was müßte ich tun, damit du kleiner wirst?"
- „Angst, kannst du dich etwas beruhigen?"

Es lebt sich besser mit den Teilpersonen des Ichs, wenn man sie in ihrer Leistung anerkennt. Allein das führt zu einer Beruhigung. Erkennen Sie also auch die Leistungen Ihrer Angst an:

- „Angst, ich danke dir, daß du mir hilfst, mich anzustrengen."
- „Angst, ich danke dir, daß du mich an frühere Erfahrungen erinnerst und mir hilfst, mich richtig zu verhalten."
- „Angst, es ist gut, daß ich jetzt gewarnt bin; ich werde mich vorbereiten."

Beispiel

In einer meiner Therapien berichtete ein junger Mann von einem solchen Dialog mit der Angst. Auf die Frage hin „Angst, was müßte ich tun, damit du kleiner wirst?" wurde ihm plötzlich klar, daß er in Prüfungen etwas gepflegter auftreten, die Fingernägel gründlich sauber machen, die Haare waschen müßte usw. Das jahrelange Gequengel der Eltern in seinem Ohr („Deine Fingernägel sind ja schon wieder nicht sauber") hatte dazu geführt, daß er nicht mehr darauf achten wollte. Jetzt wurde ihm aber deutlich, daß es in seinem eigenen Interesse liegt, wenn er darauf achtet.

Zusammenfassung: Innerer Dialog mit der Angst

Dialog mit der eigenen Angst suchen. Was tut die Angst für mich?

Gedankenstop und Gedankenersetzen

Oft steigert sich die Angst vor dem Ereignis durch angstbesetzte Gedanken, in denen man sich alle möglichen Schwierigkeiten und Formen des Mißlingens ausmalt oder in denen sorgenvoll die Folgen eines Scheiterns bedacht werden. Die Gedanken beginnen lange vor dem Ereignis und schaukeln sich zu immer katastrophaleren Inhalten auf. Das Gefühl der Angst wird dabei schon allein durch diese Gedanken immer stärker.

Es wäre also wünschenswert, diese Gedanken zu *stoppen*. Sich vorzunehmen, nie mehr an etwas zu denken, kann aber nicht funktionieren. Wenn man sich an den Vorsatz, nicht an etwas zu denken, erinnert, dann denkt man den Gedanken, der vermieden werden soll, ja automatisch wieder. Also muß eine zunächst merkwürdig wirkende Lerntechnik verwandt werden:

Die unerwünschten Gedanken sollen – auf dem Weg der Konditionierung – automatisch ein „Weckreiz" werden. Sie müssen dazu einige Male mit einem Weckreiz, z.B. einem lauten Geräusch, gekoppelt werden. Vielleicht können Sie, wenn Sie z.B. alleine lernen und sich bei den unerwünschten Gedanken ertappen, mit einer Karnevalspistole schießen. Weniger spektakulär wäre es, mit einem Topf laut zu klappern oder ein Buch (ein Lineal) laut auf den Tisch zu schlagen. Vielleicht bevorzugen Sie es, sich ins Bein oder in den Arm zu kneifen. Nach außen ist es nicht sichtbar, wenn Sie sich

leicht – natürlich ohne sich zu verletzen – auf die Zunge beißen. Das könnte auch in sozialen Situationen funktionieren, in denen die Kontrolle nicht auffallen soll.
Dann sagen Sie (laut, wenn es geht): „STOP".
Nun sollen die unerwünschten Gedanken ja beendet werden. Daher ist es wichtig, an ihre Stelle andere Gedanken zu setzen. Das können ganz allgemein angenehme Vorstellungen sein, z.B. wie Sie in der Sonne liegen. Oder Sie erinnern sich an ein Gedicht, das Sie auswendig kennen. Oder Sie zählen einfach von 20 rückwärts bis 0. Das unterbricht die Gedankenkette und das Aufschaukeln der Gedanken auf jeden Fall.
Noch besser ist es, Gegengedanken einzusetzen, die nach den Prinzipien der Autosuggestion formuliert sind (vgl. S. 85 f.); z.B. : „Ich habe viel gelernt, und ich werde Erfolg haben. Ich werde mein Bestes geben."

Das Ergebnis der Übung ist, daß unerwünschte Gedanken sofort zu einer Art „Aufmerken" führen, sobald sie auftreten. Und so können, ohne daß der Teufelskreis von sich verschlimmernden Gedanken und sich verstärkender Angst bereits angefangen hätte, auch noch wenig angstvolle Gedanken mit dem Einsatz von Gegengedanken unterbunden werden.

Zusammenfassung: Gedankenstop und Gedankenersetzen

Gedanken durch einen Weckreiz stoppen
Alte Gedanken durch neue ersetzen

Literatur

Fliegel St (1994) Verhaltenstherapeutische Standardmethoden. Psychologie Verlags Union, Weinheim

Selbstverbalisation

Kinder begleiten ihr Verhalten oft mit Worten. Indem sie ihr Spiel kommentieren, konzentrieren sie ihre gesamte Aufmerksamkeit auf die aktuelle Situation und kontrollieren auf diese Weise ihr Denken, Verhalten und Fühlen. Der 4jährige Sascha, der im Sandkasten mit Förmchen spielt, kommentiert sein eigenes Verhalten: „Jetzt nehme ich das rote (Förmchen) … , da tu ich Sand rein…, so… (stürzt die Form um), ein Kuchen" usw.

Eine solche Verbalisation kann die Handlungen auf ein Ziel hin koordinieren:

Impulsive Schulkinder, die zu unkontrolliert und zu schnell arbeiteten, erzielten bessere Leistungen, wenn sie ihre Arbeit mit einem gezielten inneren Dialog begleiteten (vgl. Meichenbaum 1979).

Eine solche Verbalisation kann aber auch „störend" wirken, wenn man strafende Bemerkungen der Eltern internalisiert hat und wiederholt.

Nicht nur Kinder sprechen (laut) mit sich selbst. Wenn sie sich unbeobachtet fühlen, führen auch viele seelisch gesunde Erwachsene leise, aber manchmal auch laute Selbstgespräche. Das kann man häufig bei Autofahrern, die allein in ihrem Wagen sitzen, an den Mundbewegungen erkennen. In der Regel ist bei Erwachsenen jedoch das handlungsbegleitende laute Sprechen von einem – meist unbewußten – (leisen) inneren Sprechen abgelöst worden.

In Befragungen nach Prüfungen berichten viele Prüflinge, daß sie während der Prüfung negativ gefärbte Selbstgespräche geführt hatten. Inhalte dieser Gespräche sind häufig Selbstvorwürfe, Selbstzweifel und Katastrophenvorstellungen: „Ich habe nicht genug gelernt; ich bin viel zu schlecht vorbereitet; ich bin zu langsam; ich bin nicht intelligent genug für diese schweren Aufgaben; das schaffe ich nie; wenn diese Arbeit wieder danebengeht, dann muß ich mein Studium aufgeben" usw. Solche Selbstgespräche wirken sich doppelt ungünstig aus: Die Zeit, die damit verbracht wird, geht für lösungsorientiertes Verhalten verloren; schlimmstenfalls kann der Prüfling in einen sich selbst verstärkenden Gedankenkreis geraten und sich überhaupt nicht mehr auf die Aufgaben konzentrieren. Zugleich können durch solche negativen Gedanken die physiologischen Reaktionen so stark werden, daß Übelkeit, Kopfschmerzen, Schweißausbrüche usw. auftreten, die die Leistungsfähigkeit erheblich einschränken können. Diese hohe Aufregung kann dazu führen, daß Prüflinge unflexibel reagieren, indem sie sich an einer für sie unlösbaren Aufgabe festbeißen und (oder) Problemlösestrategien, die sie sonst beherrschen, nicht einsetzen.

Solche negativen Selbstgespräche treten auch häufig während der Vorbereitung auf die Prüfungen auf und können dazu führen, daß die Betroffenen nicht konzentriert lernen, die Arbeit vermeiden, Prüfungen immer wieder herausschieben oder sich von Prüfungen wieder abmelden.

In einer einzigen, nur 50 Minuten langen Trainingssitzung lernten Schülerinnen, diese irrationalen Gedanken, negativen Selbstbewertungen und hemmenden Verhaltensweisen zu identifizieren. Dann erfuhren sie, wie man diese Gedanken stoppen oder verändern kann (vgl. hier auch den Abschnitt: Gedankenstop) und wie man sich selbst für aufgabenzentriertes Verhalten lobt. Diese Strategien übten sie dann bei einfachen Aufgaben und in der Vorstellung ein (Sud u. Sharma 1990).

Notieren Sie nun Ihre persönlichen negativen Gedanken und formulieren Sie zu jedem dieser Gedanken einen realistischen positiven Satz. Folgendermaßen könnte ein negativer Gedanke in einen positiven umformuliert werden:

Negative Formulierung	*Positive Umformulierung*
Ich bin zu langsam.	Ich arbeite zügig und gründlich.
Ich bin nicht hübsch.	Ich habe sehr schöne blaue Augen.
Ich bin nicht charmant.	Ich kann sehr gut zuhören.
Ich werde bei der Rede keinen Ton herausbekommen.	Ich werde ruhig beginnen und mit jedem Satz sicherer werden.

Richten Sie also Ihre Aufmerksamkeit auf einen speziellen Teil Ihres Körpers, der Ihnen gefällt, oder auf eine besondere Fähigkeit, über die Sie verfügen. Wenn Sie nach diesem Prinzip vorgehen, finden Sie auf jeden Fall eine positive Formulierung.
Immer wenn Ihnen einer der negativen Sätze in den Kopf kommt, setzen Sie die positive Umformulierung dagegen. Dies können Sie während der Lernphasen vor einer Prüfung bereits einüben. Nach jeder positiven Umformulierung sagen Sie sich innerlich: „Ich arbeite ruhig weiter“ und wenden sich wieder der Aufgabe zu.
Denken Sie auch daran, sich für Ihr konzentriertes Arbeiten zu belohnen, indem Sie sich innerlich z.B. sagen: „Ich habe meine Gedanken gut zusammengehalten.“ Wenn Sie sich entschieden haben, eine Aufgabe, die Sie im Moment nicht lösen können, zu überschlagen, um erst die Aufgaben zu bearbeiten, die Ihnen besser liegen, sagen Sie sich: „Ich handle klug, wenn ich erst die Aufgaben löse, die ich gut kann.“

Viele Menschen kommentieren ihr Tun sehr negativ. Achten Sie einmal darauf, was Sie oder andere Menschen sagen, wenn ihnen ein kleines Mißgeschick passiert. Häufig sind dies überzogene negative Selbstbewertungen. Ein alltägliches Beispiel, das ich im Büro beobachten konnte: Eine Kollegin nimmt einige Blätter Papier so ungeschickt aus dem Kopiergerät, daß sie herunterfallen; ihr Kommentar dazu: „Ich bin aber auch blöd."

Viel seltener kommentieren wir unser Verhalten positiv. Die Ursache mag darin liegen, daß Eigenlob im sozialen Kontext oft als Angeberei empfunden wird. Deshalb erziehen Eltern ihre Kinder dazu, sich nicht öffentlich für die eigenen Leistungen und Fähigkeiten zu loben. Insofern ist das Sprichwort „Eigenlob stinkt" durchaus nützlich. Dies gilt aber weniger für den inneren Dialog: Sich selbst könnten Menschen, besonders die ängstlicheren, durchaus öfter Lob für ihre Leistungen zollen.

Zusammenfassung: Selbstverbalisation

Ersetzen Sie ungünstige, abwertende, hinderliche Selbstgespräche durch motivierende, positive, das Selbstwertgefühl stützende innerlich gesprochene Sätze.

Literatur

Meichenbaum D (1979) Kognitive Verhaltensmodifikation. Urban & Schwarzenberg, München

Sud A, Sharma S (1990) Two short-term cognitive interventions for the reduction oft text anxiety, Anxiety Research 3, 131–147

Strumpf JA, Fodor I (1993) The Treatment of Test Anxiety in Elementary School-Age Children: Review and Recommendations. Child & Family Behavior Therapy 15(4): 19–42

Mit zirkulären Fragen eigene Stärken finden

Vor Bewertungssituationen drängen oft Befürchtungen in das Bewußtsein, die aus vorhergegangenen negativen Erlebnissen resultieren. Es ist so, als ob die anstehende Situation ganz unwillkürlich die Bereiche des Gedächtnisses ansteuert, in denen diese Gedanken, Bilder und Gefühle abgelegt sind. Dies führt dann oft zu einer sehr belastenden inneren Dynamik: Eine negative Erinnerung führt zur nächsten, man findet viele Beispiele dafür, daß die Befürchtungen hinsichtlich der kommenden Situation berechtigt sind, erlebt die schmerzlichen Gefühle noch einmal und verliert die Kompetenzen und Fähigkeiten, über die man ja schließlich auch verfügt, ganz aus den Augen. Die Folge dieser Dynamik ist dann, daß Angstsymptome auftreten oder sich verstärken.

Gerade kurz vor der Bewertungssituation, z.B. einen Tag vorher, kann es sehr wichtig sein, das eigene Selbstbewußtsein zu unterstützen, indem man sich seiner eigenen Fähigkeiten und Stärken bewußt wird. Dazu ist die Methode des zirkulären Befragens besonders geeignet. Zirkuläre Fragen basieren auf der Idee, daß das Stellen und Beantworten der Fragen in ständigen kreisförmig verlaufenden (zirkulären) Rückkoppelungsprozessen zu neuen Sichtweisen führt. Der Antwortende nimmt eine andere Perspektive ein, z.B. die der besten Freundin, und gewinnt so neue Informationen. Dabei verschiebt er den Focus von seinen Defiziten auf seine Stärken und Fähigkeiten. Durch geschickt gestellte Fragen verändert er seine Sicht von sich selbst und erweitert seinen Verhaltensspielraum.

Stellen Sie sich vor, jemand, der Sie nicht kennt, möchte herausfinden, welches Ihre Stärken sind.

Da er Sie nicht direkt beobachten oder fragen kann, holt er Informationen bei den Personen ein, denen Sie gut bekannt sind. Er stellt diesen Personen immer die gleiche Frage: „Was – aus Ihrer Sicht – sind die *Stärken* und *Fähigkeiten* von (Ihr Name), was gefällt Ihnen besonders an (Name)?“ Fertigen Sie nach folgendem Muster eine Tabelle an und tragen Sie die Ergebnisse Ihrer Überlegungen dort ein.

Befragte Person	*Vermutete Antworten*
Beste Freundin	
Bester Freund	
Vater	
Mutter	
Bruder	

Befragte Person	*Vermutete Antworten*
Schwester	
Partner(in)	
Chef(in)	
Kollege(in)	
Mitarbeiter(in)	
Sonstige Personen	

Welche der Stärken aus der Tabelle können Sie in der Bewertungssituation besonders gut nutzen? Stellen Sie sich vor, wie Sie diese Stärken einsetzen und wie Sie sich dann verhalten werden.
Sie können Ihre Stärken und Fähigkeiten auch auf einen kleinen Zettel schreiben und diesen in der Hosen- oder Jacketttasche in die Belastungssituation mitnehmen. Das wird es Ihnen erleichtern, sich immer wieder auf diese Ressourcen zu besinnen und sich kompetent und sicher zu fühlen.
Das zirkuläre Befragen ist auch eine gute Methode, die Bedeutung eines möglichen Fehlschlages zur relativieren.
Führen Sie mit jeder Person aus der obigen Liste folgendes Gedankenspiel durch:
„Angenommen, ich würde die Prüfung nicht bestehen (bei dem Vortrag stottern, auf der Party verkrampft sein usw.). Würde mich dann die erste Person aus meiner Liste (beste Freundin) weniger wertschätzen, mehr wertschätzen oder hätte dies für ihre Wertschätzung keine Bedeutung?" Beantworten Sie diese Fragen für sich selbst.
Stellen Sie sich dann auch die Frage, was sich nach einem möglichen Mißerfolg alles ändern würde. Würden Sie anders leben als bisher, sich anders kleiden, andere Beziehungen eingehen, Ihren Lebensstandard drastisch reduzieren, sich nicht mehr freuen können?
Was glauben Sie, wie lange würde es dauern, bis das erste Gefühl der Enttäuschung deutlich reduziert wäre und Sie nicht mehr wesentlich beeinträchtigen würde: 1 Tag, 2 Tage, 3 Tage ... 1 Woche, 2 Wochen, 3 Wochen ... 1 Monat, 2 Monate, 3 Monate ... 1 Jahr, 2 Jahre, 3 Jahre ... ?

Zusammenfassung: zirkuläre Fragen

Versetzen Sie sich in für Sie wichtige, Ihnen wohlgesinnte Bezugspersonen. Fragen Sie sich, welche Stärken diese an Ihnen beobachtet haben. Geben Sie selbst die vermuteten Antworten. Notieren Sie die Antworten auf einen Zettel, den Sie in die Belastungssituation mitnehmen. Fragen Sie sich, ob sich die Wertschätzung, die Sie erhalten, durch einen Mißerfolg ändern würde.

Literatur

Tomm K (1994) Die Fragen des Beobachters. Carl Auer, Heidelberg

Geschichten und bildhafte Analogien

Bildhafte Analogien wirken auf bewußter und unbewußter Ebene. In allen Kulturen ist ihre Funktion für die Kommunikation bekannt. Wichtige kulturelle Wertvorstellungen werden in Form von Märchen, Geschichten und Bildern vermittelt. Die Bibel enthält zahlreiche „Gleichnisse". Eine geeignete Analogie ermöglicht es, auf indirektem Wege eine Botschaft zu vermitteln, die speziell an das Gefühl appelliert. Aber auch offene Kritik und verletzende Belehrungen können mit dieser Kommunikationsform vermieden werden.

Beispiel

Der Vorstand einer Firma, die in Schwierigkeiten geraten ist, möchte erreichen, daß alle Abteilungen zusammenarbeiten, um den Betrieb wieder „in ein ruhigeres Fahrwasser" zu bringen. Die Leiter verschiedener Abteilungen versuchen, ihre eigene Abteilung und Stellung zu sichern, verlieren jedoch dabei das Ganze aus den Augen. Der Vorstand wählt in einer Besprechung das Bild eines leckgeschlagenen Schiffes: Anstatt das Leck abzudichten, versammelt sich die Mannschaft zunächst ängstlich auf dem noch vermeintlich sicheren Heck des Schiffes und bringt das Schiff und sich selbst damit in noch größere Gefahr. Erst als allen klar wird, daß man zusammenhalten muß, und man gemeinsam daran geht, das Leck abzudichten, wird Rettung möglich. Der Effekt dieser Bilder war, daß die Abteilungen konstruktiver zusammenarbeiteten.

Geschichten, in denen die wichtigsten Informationen, Personen oder Ideen in verkleideter, z.B. märchenhafter, Form vorkommen, können also zur Beeinflussung anderer Personen verwendet werden. Es ist jedoch auch möglich, sich selbst auf schwierige Situationen einzustellen, indem man dazu eine eigene, geeignete Geschichte erfindet.

Bestimmen Sie die Ausgangslage der Situation (des Problems) und den *erwünschten* Ausgang. Wählen Sie jeweils Elemente aus, die zu dem gegenwärtigen Zustand und dem erwünschten Zustand gehören.
Dann überlegen Sie, wie Sie die Elemente in eine Geschichtenform umsetzen. Wählen Sie für die Geschichte ein Thema, das Sie interessiert, z.B. Tennis, Fußballspielen, Motorradfahren, Kochen, Jagen, Angeln, Fernsehen usw. Diese Bereiche geben Stoff für interessante, anschauliche Geschichten ab.
Vielleicht fällt Ihnen ganz von selbst eine phantasievolle Handlungsfolge ein, wie der Anfangszustand in den Endzustand umgewandelt werden kann, vielleicht wollen Sie sich aus Märchen, aus Tierfabeln oder auch aus der Dichtung Anregung holen (z.B. Brechts Geschichten vom Herrn Keuner geben interessante Beispiele).
Die Geschichte sollte *anschaulich, detailreich, humorvoll* und evtl. *dramatisch* sein. Sie können die Geschichte für sich selbst niederschreiben und in Ihrer Phantasie, in Tagträumen durchspielen. Sie können sie auch anderen Menschen, z.B. Kindern,

erzählen oder vorspielen. Dabei können Sie Ihre ganze Kreativität nutzen und unterschiedliche Darstellungsformen wählen. Denkbar sind: zeichnerische Möglichkeiten, z.B. die Geschichte wie einen Cartoon darstellen, improvisiertes Theater, musikalische Darstellung, sich auf ein Tonband sprechen.

Beispiel

Ein Student hatte bereits zweimal in einer wichtigen Prüfung versagt. Das Wissen war zwar vorhanden, er hat sich jedoch nicht auf den prüfenden Professor einstellen können. Vor Aufregung verstand er nicht, „worauf" der Professor im Prüfungsgespräch „hinauswollte", versuchte dann, seine eigenen Gedanken durchzusetzen, und erzeugte in der Prüfung damit eine ungünstige Atmosphäre. Vor der Wiederholungsprüfung hatte er jetzt erhebliche Angst.
Da der Student ein passionierter Motorradfahrer war, erarbeitete der Therapeut mit ihm folgende Geschichte: Ein junger Mann muß mit seinem Chef eine Dienstreise unternehmen. Der Chef, ein begeisterter Motorradfahrer, schlägt vor, die Fahrt mit dem Motorrad zu unternehmen. Der junge Mann, selbst ein begeisterter Motorradfahrer, willigt ein, allerdings mit einem unguten Gefühl bei dem Gedanken, daß er auf dem Rücksitz mitfahren muß. Aber er hat zunächst keine andere Wahl. Die beiden treffen sich, setzen ihre Schutzhelme auf, und die Fahrt geht los. Anfangs sitzt der junge Mann etwas verkrampft und ängstlich, weil er noch nicht weiß, welchen Fahrstil sein Chef hat. Mit der Zeit fühlt er sich immer sicherer und kann sich mehr und mehr auf den Fahrstil des Chefs einstellen. Er spürt, wenn eine Linkskurve durchfahren wird, und legt sich, genau wie die Steilheit der Kurve und das Tempo des Fahrers es verlangen, mit in die Kurve. Das gleiche gelingt ihm dann bei der nächsten Rechtskurve. Der Vorgesetzte spürt, daß es sich jetzt leichter fahren läßt und lobt ihn dafür.
Nach einer längeren Strecke machen sie eine kleine Pause, und danach bietet der Vorgesetzte dem jungen Mann an, ein Stück das Steuer zu übernehmen. Etwas unsicher, aber auch erfreut nimmt der junge Mann das Angebot an und fährt vorsichtig weiter. Dabei spürt er mit Verblüffung, wie sich nun sein Chef mit ihm in die Kurven legt und sich auf seine Fahrweise einstellt. Es gelingt ihm sogar, in einigen überraschenden und gefährlichen Situationen, schnell und

sicher zu reagieren. Er erkennt rechtzeitig ein tiefes Schlagloch in der Fahrbahn, bremst vorsichtig und umfährt dieses Hindernis.
Nachdem sie in einer weiteren Pause zusammen Mittag gegessen haben, erreichen sie etwas müde, aber zufrieden das Ziel.
Der Student machte dann in der Realität auch noch einen Ausflug auf dem Motorradrücksitz mit einem älteren Freund und erlebte dabei, wie wichtig es ist, sich auf die Bewegungen des Fahrers und auf die jeweiligen aktuellen Bedingungen wie Fahrbahn, Geschwindigkeit, Windverhältnisse usw. einzustellen. Diese Erfahrung konnte er dann auf die Prüfungssituation übertragen: Er konnte diesmal auf die Fragen des Prüfers eingehen und die Prüfung mit Erfolg abschließen.

Hier folgt noch eine Geschichte, die etwas „märchenhafter" verkleidet ist und sich an Eltern und Kinder bzw. Jugendliche wendet (und natürlich auch an das Kind im Erwachsenen). Es geht darum, Schulleistungen und Versagen in Schulleistungen zu relativieren und nicht so „schwer zu nehmen":

Eine Geschichte für Kinder und Eltern: Klara spricht zur Katze

Ein Mäusekind, es hieß Klara, war, wie es bei Mäusen nicht ungewöhnlich ist, ganz, ganz winzig. Es betrachtete sich im Spiegel und dachte bei sich: gut, ich werde noch etwas wachsen, aber wir Mäuse sind recht klein und haben allen Grund, vor vielen Tieren Angst zu haben. Dabei dachte Klara noch nicht einmal an so schreckliche Tiere wie Katzen, denn sie kannte noch nicht viel von der Welt.
Klara war, wie ihr sicher schon bemerkt habt, aber auch ein sehr vernünftiges Mäusemädchen, in das die Eltern die Hoffnung setzten, daß einmal etwas aus ihr werde. Sie erzogen sie streng und stellten ihr schwere und immer schwerere Aufgaben, damit sie auch etwas Richtiges lernte.
Klara hatte mit der Zeit keine Angst mehr vor großen Tieren, sondern sie hatte nur noch Angst vor den Aufgaben und davor, daß die Geschwister sie auslachen, wenn sie es einmal nicht schaffen würde. Dies kam allerdings selten vor. Als sie gerade einmal frei hatte und den Tau von den Grashalmen leckte, kam ein großes Tier mit langen Haaren an der Schnauze ganz leise angeschlichen. Klara hatte natürlich schreckliche Angst vor dem Tier. Das Herz rutschte ihr

schier in die Hinterpfoten. Ein Glück, der Eingang zur Höhle war nahe und sie schlüpfte schnell hinein. Das große Tier lauerte davor und schien mißmutig. Weil Klara aber gelernt hatte, mit Angst umzugehen, hatte sie sich bald beruhigt und fragte mit ihrer hohen Mäusestimme aus dem Mauseloch heraus: „Was willst du von mir?" Das große Tier antwortete: „Sei ruhig, Mäuse und Katzen haben nichts zu besprechen!" Da wäre Klara fast in Ohnmacht gefallen. Eine Katze! Jenes ganz und gar schreckliche Tier, dem schon so viele liebe Verwandte zum Opfer gefallen waren! Schnell huschte sie tief in die Mäusewohnung zu Papa und Mama und den Geschwistern. „Eine Katze, eine Katze!" rief sie. Da erschraken auch Papa und Mama. „Da hilft nur warten", konnte Papa mit mühsamer Beherrschung sagen, aber seine Schnauze zitterte. Alle hatten nun schreckliche Angst und zitterten gemeinsam. Klara hatte besonders viel Angst, weil sie die Katze ja wirklich gesehen hatte.
Als die Mäusefamilie die Katze schließlich vergaß, war auch die Katze weg (es ist ein glücklicher Zufall, daß Mäuse ungefähr so lange ihre Angst behalten, wie Katzen geduldig sind).
Nun ging es für Klara wieder an das alltägliche Üben. Jetzt vor dem Winter war das Zählen der Getreidekörner dran und die Berechnung, ob es für eine sechsköpfige Familie über einen Winter reicht, wenn jedes Mäusekind pro Tag 3 Körner frißt und Papa und Mama ein halbes Korn mehr bekommen als die Kinder. Das ist – wie ihr euch vorstellen könnt – ganz schön schwer für ein kleines Mäusekind. Und wehe, man macht bei einer so wichtigen Aufgabe einen Fehler und für Papa bleiben zu wenig Körner übrig.
Das Rechnen und besonders das Vorzeigen der Lösungen war aber für Klara jetzt leichter geworden. Weil Papa und Mama selbst solche Angst gehabt hatten, zeigten sie jetzt mehr Verständnis für Klaras Angst und waren eine Zeit lang nicht mehr so streng, wenn einmal etwas nicht ganz richtig war oder wenn es zu piepsig vorgetragen wurde. (Allerdings vergessen ja Mäuse auch, wie groß die Angst war. Nach einiger Zeit dachten Klaras Eltern wieder, sie brauchten vor nichts Angst zu haben und hätten auch noch nie vor etwas Angst gehabt, außer vielleicht davor, daß Mäusekinder beim Rechnen Fehler machen.)
Aber auch mit Klara selbst war eine Verwandlung vor sich gegangen. Wenn sie gerade spürte, daß sie wieder Angst bekommen könnte, und sich fragte, ob sie auch alles richtig gemacht habe oder ob die anderen sie vielleicht auslachen würden, kam ihr die Katze in den Sinn und wie mutig sie die Katze angesprochen hatte und wie sie alle vor der Gefahr gewarnt hatte. „Ich bin eigentlich eine

mutige Maus“, sagte sie innerlich zu sich. Gegen einen kleinen Fehler bei einer Übungsaufgabe war die Katze nämlich eine ganz schön große und richtige Gefahr. Nun kam ihr alles nicht mehr so schwer vor. Seltsamerweise ging auch das Rechnen leichter.
Und so kam es, daß aus Klara eine mutige Maus wurde. Gemessen an der wirklich großen Angst vor einer Katze war das Körnerzählen jetzt nicht mehr so schlimm.

Zusammenfasssung: Geschichten und bildhafte Analogien

Erfinden Sie anschauliche, detailreiche, humorvolle und dramatische Geschichten, in denen das Problem zu einer guten Lösung kommt.

Literatur

Klippstein H (Hrsg) (1994) Das Vergessen vergessen. Carl Auer, Heidelberg

Metzig W, Schuster M (1996) Lernen zu lernen. Kap. 7: Lernen durch Analogiebildung, 3. Aufl. Springer, Berlin Heidelberg

Angst und Bildvorstellungen

Bilder beeinflussen unser Gefühlsleben mehr als Worte. Das Wort „Zitrone“ allein wird Sie kaum zu einer körperlichen Reaktion führen, aber die bildhafte Vorstellung einer Zitrone zieht vielen Menschen den Mund zusammen.

Politiker, die das Publikum nicht nur rational, sondern auch emotional beeindrucken wollen, verwenden in ihren Reden daher häufig bildhafte Wendungen.

Aber auch jeder einzelne kann bildhafte Vorstellungen einsetzen, um seine Gefühlslagen zu beeinflussen.

Allgemein beruhigende Bildvorstellungen

Sicher finden Sie leicht eine Vorstellung von der schönen und gesunden Natur, die Ihnen Kraft gibt. Hier kann es sich um eine Erinnerung oder eine in der Phantasie erschaffene Landschaft handeln. Klienten verwendeten zu solchen Zwecken eine Bergwiese, einen ruhigen See, den weiten Blick über einen Strand und das Meer, den weiten Blick über den Grand Canyon. In Angstphasen können Sie – wie in einer Meditationsübung – eine kurze Zeitphase, etwa 2 bis 5 Minuten, eine solche Bildvorstellung einschieben, um sich zu beruhigen.

Auf Angst bezogene Bewältigungsvorstellungen

Lazarus (1977) schlägt vor, Sie sollen sich vorstellen, wie Sie eine Situation gut bewältigen, z.B. wie Sie bei guter Laune flüssig einen Vortrag halten, wie Sie leicht und mit lauter Stimme in einer Gruppe, die Sie bald treffen werden, sprechen. Die Bewältigungsvorstellung kann sich auch konkret auf Zeichen von Sicherheit und Ruhe beziehen: wie man bei einem Vortrag ruhige, sichere Handbewegungen macht, wie die Achselhöhlen beim Vortrag trocken aussehen usw.

Bilder, die die Angstsituation durch Humor entschärfen

Dem Bundeswehrsoldaten schlägt man vor, sich den General nackt vorzustellen; nun muß er innerlich lachen und kann seine Meldung angstfrei vortragen. Solche humorvollen symbolischen Vorstellungen gibt es auch für Prüfungen. Man kann sich vorstellen, den Prüfer mit mitgebrachten Delikatessen und gutem Wein zu versorgen. Er frißt sich voll, wird zufrieden und träge. Oder man geht in der Vorstellung beim Vortrag durch das Publikum, streichelt alle Anwesenden, füttert sie mit Schokolade.

Bilder einer symbolischen Bewältigung

Man kann wie im Traum in Metaphern und Symbolen eine Bewältigung imaginieren. Vor der Prüfung kann man sich z.B. vorstellen, wie ein junger Vogel angstvoll am Nestrand sitzt und dann ganz wie von selbst fliegen kann und die große weite Welt erkundet.

Oder man kann die menschliche Gemeinschaft der Prüfung betonen und sich vorstellen, wie Prüfer und Prüfling in einem gemeinsamen schönen Tanz das Ritual der Prüfung vollführen.

Leuner (1985) ist der Begründer einer Therapieform, die tagtraumartige Bildvorstellungen einsetzt. Er gibt ein Beispiel aus seinen Therapien, in dem die symbolische Visualisierung hilft, einen Prüfungsblock zu überwinden.

Beispiel

Der Klient entwickelt infolge einer sehr strengen Erziehung und von Erfahrungen mit einem strengen Chemielehrer auf dem Gymnasium in der Universitätsprüfung einen Block: er kann gar nichts sagen.

„Nach einem einleitenden Gespräch über seinen ehemaligen Chemielehrer, einem verehrten, aber strengen älteren Herrn, und seinem jetzigen Professor, stellte ich im Katathymen Bilderleben (s.u.) folgendes Bild ein: Er befindet sich auf der Wiese in der Nähe des Waldrandes. Beim Blick in das Dunkle des Waldes werde eine Gestalt, werde sein Chemielehrer oder der Professor heraustreten." (Nach einigem Zögern tritt der Chemielehrer auf.) ... „Um das Prinzip des Nährens zum Zuge kommen zu lassen, bat ich den Patienten schließlich, er möge sich vorstellen, daß er in einer Tasche alles für ein Picknick mit sich führe. Er solle die Dinge, zwei Hähnchen und eine Flasche Rotwein usw. auspacken und auf einer Serviette auf dem Boden ausbreiten, um den alten Herrn einzuladen ... Bald aß der ältere Herr mit Behagen und trank mit dem Patienten den Rotwein. Er wurde daraufhin sichtlich freundlich und klopfte dem Patienten schließlich jovial auf die Schulter...

Am darauffolgenden Nachmittag kam der junge Mann zu mir und konnte berichten, er habe über das am Vortage blockierte Wissen nun gut verfügen können" (Leuner 1985, S. 114).

Wenn zwar die Durchführung einer solchen interaktiven Tagtraumtherapie (dem Katathymen Bilderleben) in die Hand des geschulten Experten gehört, so kann man aus dem Beispiel doch manches lernen. Oft ist die Ursache für übermäßige Prüfungsangst eben eine in der Kindheit gelernte Angst vor Autoritätspersonen. Diese frühkindliche Angst ist einer Bearbeitung zugänglich. Ich empfehle für den Selbstversuch, das Bild des Nährens beim Picknick zu übernehmen und es an den Autoritäten der Vergangenheit auszuprobieren.

Ein „Alter Ego" vermindert die Angst

Man kann sich in der Phantasie eine Hilfsfigur zur Seite stellen. Besonders Kindern kann so über Angstgefühle hinweggeholfen werden. Die kleine Lara, die Angst hat, in der Schule zu sprechen, stellt sich vor, daß sie eine kleine Märchenprinzessin ist oder sich eine mächtige Comicfigur mitgebracht hat, die ihr beim Sprechen hilft.

In einer Phantasiegeschichte kann z.B. „Batman" zum Komplizen eines schulängstlichen Kindes werden. So können Kinder auch die Vorstellung trainieren, in Alpträumen mächtige Helfer zu haben, die die angreifenden Monster besiegen.

Lazarus (1977) versichert uns, daß durch solche bildhaften Phantasien keine „Träumer" zustande kommen, die nicht mehr zwischen Phantasie und Realität unterscheiden können. Die „emotiven" Bilder entfalteten ihre segensreiche Kraft ohne Nebenwirkungen.

In ruhigen Momenten des Tages, vor dem Einschlafen, ggf. aber auch kurz vor der Prüfung, können solche Bildvorstellungen ihre beruhigende Kraft entfalten.

Zusammenfassung: Bildvorstellungen nutzen

Beruhigende Bilder
Bewältigung vorstellen
Humor als Angstkiller einsetzen
kreative Vorstellungen gestalten
Hilfsfigur imaginieren

Literatur

Lazarus A (1977) Innenbilder. Imagination in der Therapie und als Selbsthilfe. Pfeiffer, München

Leuner HC (1985) Lehrbuch des Katathymen Bilderlebens. Huber, Bern

Humor

Schon im vorherigen Abschnitt sprachen wir von humorinduzierenden Vorstellungen. Dies wollen wir hier noch einmal ausführlich behandeln.

Entspannung und Angst sind zwei Reaktionen, die unvereinbar miteinander sind. Das gleiche gilt für Lachen und Angst. Sie haben sicher schon erlebt, wie befreiend ein Lachen in manchen angespannten Situationen wirken kann.

Vor diesem Hintergrund haben verschiedene Therapeuten den Humor als hilfreiche Strategie erkannt und eingesetzt. Schon als Kind lernte ich, vor Prüfungen die Angst vor den Prüfern zu reduzieren, indem ich mir auf den Rat meiner Eltern hin die Prüfungskommission in Unterhosen vorstellte. Die seriösen und bedrohlichen Männer wirken dann etwas lächerlich, zugleich aber auch etwas menschlicher.

Frank Farrelly begründete eine eigene Therapieschule, die sog. Provokative Therapie, deren wichtigstes

Element die Provokation von Humor und Lachen durch gutgemeinte, lustige Übertreibungen ist.

Beispiel

Ein anerkannter Therapeutenkollege berichtete ihm, daß er sich jedesmal dann ängstlich verkrampfe, die „Angst im Nacken“ spüre, wenn er wisse, daß sein Professor das Therapiegespräch hinter dem Einwegspiegel verfolge. Im heiteren Gespräch wurde dann ein Bild entwickelt, in dem der Kollege den riesigen nackten Hintern seines Professors sah. Er selbst sah sich als ganz kleines Menschlein, das mit einem lauten Schmatzen dem Professor einen Kuß auf die Pobacke gab. Später berichtete der Kollege, daß er in der kritischen Situation immer wieder das „schmatzende Geräusch“ erinnerte, innerlich lachen mußte und entspannt bleiben konnte.

Humorvolle Übertreibungen in der Phantasie, z.B. daß der Prüfer bei der Begrüßung ausrutscht und lang hinschlägt, der Prüfling selbst so starr wird, daß man ihn auf eine Bahre legt und Wiederbelebungsversuche macht, der Prüfling so klein wird, daß er den Prüfungsraum unter der Türschwelle hindurch betritt und die Prüfungskommission sich auf den Bauch legen muß, um mit ihm zu reden, usw. können eine innere Distanz zu der gefürchteten Situation schaffen. Es entsteht eine Art „Gegenphantasie“, die die Angst neutralisiert.

Der Humorist Loriot ist ein großer Meister dieser Art von Übertreibungen. In einem seiner Kurzfilme zeigt er einen ängstlichen Mann, der auf dem Flughafen seine Bananenschale nicht loswerden kann. Jeder Versuch, sie irgendwo zu deponieren, scheitert wegen seiner Ängstlichkeit. Schließlich rutscht er sogar auf der Bananenschale, die er selbst auf den Boden gelegt hat, aus. Der Zuschauer erkennt sich wieder, aber durch die Übertreibung bekommt er Distanz zum Geschehen und kann befreit über eigene Ängstlichkeiten lachen.

Negative Selbstgespräche wirken sich häufig sehr ungünstig in sozialen Situationen aus.

Beispiel

Frau P. sagte sich auf Parties, wenn sie gerne einen attraktiven Mann kennengelernt hätte: „Der wird sich für mich nicht interessieren, der hat sicher schon eine Partnerin, ich bin für ihn nicht intelligent genug und nicht attraktiv genug.“ Sie ging deshalb schließlich ungern aus und vermied den Kontakt zu Männern, die ihr gefielen. Der Therapeut hätte hier auch vorschlagen können, diese ungünstigen Selbstgespräche systematisch durch angemessenere Aussagen zu ersetzen. Da die Klientin aber über eine gute Portion Humor verfügte, wählte er einen anderen Weg zur Veränderung der inneren Gespräche. Er schlug ihr vor, diese Gedanken zu übertreiben und sich in solchen Situationen z.B. zu sagen: „Für mich alte Schlampe, so wie ich aussehe, wird sich nie ein Mann interessieren. Mein Make-up ist eine totale Katastrophe, mein Kleid völlig geschmacklos, mein Schmuck von weitem als billiges Imitat erkennbar. Wenn er trotzdem mit mir reden wird, wird sich aus meinem Mund nur absolut schrecklicher und peinlicher Unsinn ergießen, und er wird schleunigst die Flucht ergreifen.“ Die durchaus attraktive Frau nahm diesen Vorschlag mit Lachen auf und versprach, dies auszuprobieren. Es kam nicht dazu, weil sie sich auf der nächsten Party gut gefühlt und ein sehr lockeres und angenehmes Gespräch mit einem männlichen Gast geführt hatte.

Diese Methode bietet sich jedoch nur an, wenn Sie Humor schätzen und ihn einsetzen mögen. Die humorvolle Übertreibung darf nicht verletzend wirken oder einen wunden Punkt treffen. Die Klientin wußte natürlich selbst, daß sie nicht so unattraktiv war. Die Übertreibung in der Vorstellung fand sie daher lustig. Die absurde, übertriebene Vorstellung hinderte sie dann in der konkreten Situation daran, die üblichen beunruhigenden und hemmenden Selbstgespräche zu führen. Möglicherweise entwickelte sie ganz unbewußt zu dieser überzogen negativen Selbstbewertung einen inneren „Gegengedanken“, einen Trotz, sich zu wehren und sich doch besser zu bewerten.

Zusammenfassung: Humor

Entwickeln Sie humorvolle Vorstellungen, in denen Ihre Angst, Ihr vermeintliches Unvermögen oder Ihre vermeintlichen Fehler maßlos übertrieben werden. Binden Sie in diese Vorstellungen die ebenfalls auf humorvolle Weise übertriebenen Reaktionen und Verhaltensweisen der Personen ein, die Sie ängstigen.

Literatur

Farrelly F, Brandsma JM (1986) Provokative Therapie. Springer, Berlin Heidelberg

Techniken zur Kontrolle des Verhaltens

Das Lernen am Modell nachholen

Bei einem Vortrag oder einem Bewerbungsgespräch können sich Hemmungen ergeben: Kann man einfach anderen etwas beibringen, sich vor alle stellen und sagen, was Sache ist? Die Überwindung dieser Hemmungen kann sehr viel Energie kosten. Dann trägt man im günstigen Fall bescheiden, im ungünstigen Fall glanzlos vor.

Man kann die Hemmungen aber auch bei der eigenen Person, bei der eigenen Art, etwas vorzutragen, *zurücklassen* und einfach eine Rolle spielen: Sie tun einfach so, als wären Sie eine andere Person, die Sie kennen, die ohne Hemmungen stolz und selbstbewußt vorträgt. So ähnlich ist es, wenn ein Mensch beim Benutzen einer Fremdsprache im Ausland selbstbewußt ist, in seinem Heimatland, wo er seine Muttersprache sprechen kann, dagegen schüchtern.

Suchen Sie sich einen Bekannten aus, der als Modell dienen kann, der so vorträgt, wie Sie es gerne können möchten.
Stellen Sie sich möglichst lebhaft und bildhaft vor, wie der Bekannte (das Modell) vorträgt. Wie beantwortet er Fragen, wie geht er mit kritischen Situationen um? Wie geht das Modell mit bestimmten Situationen um, die Sie früher einmal als kritisch erlebt haben?
Versuchen Sie nun, sich selbst vor Ihrem inneren Auge zu sehen, wie Sie es genau wie das Modell machen. Wiederholen Sie dies auch in entspannter Situation mehrere Male, z.B. auch vor dem Einschlafen.
Denken Sie in der Zeit bis zum Vortrag in Gesprächssituationen immer einmal an das Modell, damit Sie sich daran gewöhnen, Ihr Verhalten mit dem Verhalten des Modells zu vergleichen. So automatisieren Sie das „neue" Verhalten.

Tatsächlich lernen ja auch Kinder vieles vom Modell der Eltern. Sie machen es genauso; sie räuspern sich später wie ihre Eltern; und sie sprechen den gleichen Dialekt wie ihre Eltern. Warum sollen Sie sich nicht auch ein besonders geeignetes Modell für die schwierige Situation des Vortrags suchen und einfach heute einen Lernvorgang nachholen, der früher vielleicht nicht so gelungen ist? Auch berühmte Persönlichkeiten machen es so, daß sie von einem Modell lernen, wie man auftritt, wie man spricht. Man sagte z.B. von Konrad Lorenz, er habe besonders in kritischen Lagen genau so wie sein Lehrer Heinroth gesprochen.

Wenn Sie wollen, können Sie die folgende humorinduzierende Vorstellung verwenden: Wenn der Vortrag nicht gut klappt, ist ja nun, nachdem Sie sich an einem

Modell ausgerichtet haben, das Modell schuld, nicht Sie selbst.

Rollenspiel und Rollenspiel „im Kopf"

Rollenspiel

Vor Prüfungen, Verabredungen, Reden und anderen als belastend empfundenen Bewertungssituationen ist es nützlich, die erwartete Situation einmal nachzustellen und im wahrsten Sinne des Wortes „durchzuspielen". Im Spiel ist es möglich, neue Verhaltensweisen einzuüben. Es kann auch manchmal nützlich sein, sich in die Situation der übrigen Beteiligten durch „Rollentausch" zu versetzen. So erfährt z.B. ein Student in der Rolle des Prüfers, wie ärgerlich dieser sich fühlt, wenn er vom Prüfling bei allen Fragen unterbrochen wird und kaum zu Wort kommt.

Vorbereitung

Suchen Sie sich für die Durchführung eines Rollenspiels Mitspieler, die Ihr Anliegen ernst nehmen und bereit sind, mit Ihnen die wichtige Situation zu üben. Das können bei Prüfungsängsten z.B. andere Prüfungskandidaten sein.

Zunächst müssen Sie so viele Informationen wie möglich über die erwartete Situation einholen: In welchem Raum findet die Situation statt, welche Personen sind beteiligt, welche Verhaltensweisen erwarten Sie von den beteiligten Personen? Müssen Sie z.B. eine Rede halten, sollten Sie überlegen, ob es unter den Zuhörern eine oder mehrere Personen gibt, vor deren Urteil Sie sich besonders fürchten. Für jede dieser Personen sollte dann ein Mitspieler vorhanden sein. Es kann aber auch sein, daß Ihre Probleme mehr damit zu tun haben, vor einer großen Menge von Leuten zu reden. Dann benötigen Sie nur zwei oder drei Personen, die das Publikum darstellen. In Ihrer Phantasie können Sie leicht diese Personen vervielfältigen.

Erklären Sie den Mitspielern Ihre eigene Situation. Machen Sie ihnen klar, daß es für Sie um eine wichtige Sache geht und daß Sie um Hilfe zur Bewältigung einer für Sie schwierigen Situation bitten.

Besprechen Sie mit Ihren Mitspielern die Situation, auf die Sie sich einstellen möchten, möglichst genau.

Beispiel

In einer Therapiegruppe berichtet ein schüchterner Student, daß er gern eine Studentin kennenlernen möchte, die er schon mehrfach in der Universität gesehen hat. Er traut sich jedoch nicht, sie anzusprechen. Vor der Durchführung des Rollenspiels wird genau überlegt, welches Ziel verfolgt werden soll. Da die „angebetete" Studentin wahrscheinlich (noch) nicht an eine intensivere Beziehung denkt, soll der Student zunächst versuchen, sie einmal in ein Gespräch zu ziehen. Am Ende des Gesprächs soll eine Einladung zu einem Kinobesuch stehen. Es wird nun zunächst überlegt, welche Situation für das Anknüpfen eines solchen Gesprächs günstig ist. Hier bietet sich die Mensa an, in der die Studentin regelmäßig zu Mittag ißt. Es wird genau überlegt, wie der junge Mann sich verhalten soll, wenn er sich ihr gegenüber setzt, wie er Blickkontakt aufnehmen soll und mit welchen Themen er das Gespräch eröffnet. Gemeinsam werden mögliche Reaktionen der Studentin überlegt: Sie kann auf das Gespräch eingehen, sie kann die Einladung annehmen oder auch ablehnen.

Überlegen Sie vor dem Spiel, was die Mitspieler tun und sagen sollten. Legen Sie sich Strategien zurecht, wie Sie am besten auf die erwarteten Schwierigkeiten eingehen können. Die Mitspieler sollen Ihnen die Rolle zwar nicht leicht machen, aber in jedem Fall muß die Vorbereitung so gestaltet sein, daß die Situation am Ende von Ihnen positiv bewältigt wird. Bei unserem Beispiel ist das Ziel der Übung erreicht, wenn der Student ein Gespräch begonnen hat, Blickkontakt hatte und mit sicherer Stimme die Einladung ausgesprochen hat. Annahme oder Ablehnung der Einladung liegen im Ermessen der Gesprächspartnerin und können nicht die Er-

folgskriterien sein. So gehört es auch zum Übungsprogramm, wie der Student auf eine mögliche Ablehnung reagiert. Er kann sein Bedauern aussprechen und sich für das nette Gespräch bedanken. Er muß sich in der Situation darüber klar sein, daß es viele Gründe für eine Ablehnung geben kann, die nichts mit seiner Person zu tun haben: die Studentin kann selber schüchtern sein, sie hat schon einen Freund, oder aber sie glaubt, eine erste Einladung muß man auf jeden Fall ablehnen. Diese Dinge sollte sich unser „Protagonist“ auch im Rollenspiel bei einer Ablehnung durch den Kopf gehen lassen.
Erst wenn der Verlauf des Spiels genau festgelegt ist, sollten Sie mit der Übung beginnen. Oft ist es hilfreich, den Text für die Rollen aufzuschreiben und ein „Drehbuch“ für die Szene zu erstellen.

Durchführung

Anfangs erscheint den meisten Mitspielern eine solche Spielsituation künstlich, vielleicht auch albern. Lassen Sie sich davon nicht irritieren und überspringen Sie gemeinsam diese kleine Peinlichkeitshürde.

Es kann aber auch sein, daß vor einem Spiel Scheu und Nervosität aufkommen. Selbst erfahrene Schauspieler müssen immer wieder ihr Lampenfieber überwinden. Also „frisch gewagt!“

Bitten Sie die Mitspieler, die Rolle, die sie übernehmen, durchaus realistisch zu spielen. Halten Sie sich dabei – sinngemäß – an die erarbeiteten Texte. Versuchen Sie, Blickkontakt zu halten und mit fester Stimme zu sprechen – so gut es geht.

Manchmal ist es schwierig, die ganze Szene in einem Stück durchzuspielen. Sie können dann einzelne Abschnitte gesondert einüben. Bei diesem Vorgehen empfiehlt es sich, mit dem Ende der Szene zu beginnen. In unserem Beispiel wäre dies, daß die Studentin die Einladung freundlich ablehnt und der junge Mann sich für das nette Gespräch bedankt. Auch die Alternative ist einzuüben: Die Studentin nimmt die Einladung an. Es wird ein bestimmter Film ausgewählt, ein Termin vereinbart, und der junge Mann verabschiedet sich, indem er ausdrückt, daß er sich auf das Treffen freut.

Der nächste Abschnitt, der eingeübt werden kann, ist die Einleitung des Themas „Kino“. Der Student berichtet, daß er sich für einen speziellen Film interessiert. Er erzählt vielleicht von einem bestimmten Schauspieler, erklärt, warum er sich von der Thematik des Films angesprochen fühlt, erfragt die Meinung der Studentin zu der Thematik und spricht am Ende dieser Sequenz die Einladung aus.

Erst danach wird der erste Teil der Szene gespielt, die Gesprächseröffnung. Chris Kleinke (1986) fand in seinen Untersuchungen heraus, daß eine neutral-unverfängliche Eröffnung am günstigsten ist. Das kann eine Bemerkung über das Essen in der Mensa sein, über das Wetter oder das Gedränge an der Essensausgabe. Einige ganz einfache, normale Worte oder Sätze sind genau richtig. Die Gesprächseinleitung soll gar nicht besonders einfallsreich, witzig oder geistreich sein. Denn damit kann man einen Partner unter Druck setzen.

Es ist nützlich, das Gespräch auf Kassette aufzunehmen, um nach dem Spiel eine Kontrolle zu haben.

Nachbereitung

Nach dem Spiel tauschen Sie mit Ihrem Spielpartner Ihre Erfahrungen aus. Wie haben Sie sich gefühlt, wie Ihr Partner? Hören Sie die Kassette ab und arbeiten Sie zunächst heraus, was Sie gut gemacht haben. Suchen Sie – auch als Mitspieler – alles, was im Verhalten des Protagonisten gelobt werden kann. Kritik dagegen ist destruktiv und soll vermieden werden.

Wenn etwas verbessert werden kann, dann sollten konkrete Alternativen vorgeschlagen werden, z.B.: „Ich würde am Anfang versuchen, noch etwas langsamer zu sprechen“ und nicht: „Du hast viel zu schnell gesprochen". So gewinnt der Protagonist immer einen Hinweis, wie er es besser machen kann.

Es ist durchaus zu erwarten, daß ein solches Rollenspiel nicht im ersten Durchgang gelingt. Sie sollten dann die einzelnen schwierigen Passagen wiederholen. Üben Sie mehrmals – vielleicht auch an verschiedenen Tagen – bis die Rolle „sitzt". Erst dann sollten Sie den ersten Versuch wagen, sie in die Realität zu übertragen.

Das Rollenspiel ist eine sehr bewährte Methode, sich auf verschiedenste Bewertungssituationen einzustellen. Prüfungssituationen können durchgespielt werden; das Vortragen von Referaten, Sprechen in Gruppen, Bewerbungen, Verkaufsgespräche usw. werden im Rollenspiel geübt.

Beispiel

Ein junger Mann, der sich in der Ausbildung zum Hörgeräteakustiker befindet, muß mit vorwiegend älteren Menschen, die zudem noch schwer hören, umgehen. Es kam dabei zu einigen für beide Seiten peinlichen Situationen, für die der Vorgesetzte den Auszubildenden verantwortlich machte und ihn kritisierte. Der junge Mann entwickelte daraufhin Angst vor solchen Situationen, wurde noch unsicherer und ungeschickter. In Rollenspielen kann er lernen, wie man sich am besten verhält, worauf zu achten ist. Im Rollentausch, in der Rolle des älteren hörbehinderten Menschen, erlebt er, welche Auswirkungen die Behinderung in der aktuellen Situation haben kann, wie sich der ältere Mensch fühlen mag. So lernt er, sich auf diese Menschen besser einzustellen, interpretiert deren Verhalten mehr als Hilflosigkeit denn als Aggression und kann mehr Geduld und Freundlichkeit aufbringen. Auf diesem Weg überwindet er dann auch Schritt für Schritt seine eigene Angst und Unsicherheit vor solchen Situationen.

Rollenspiel „im Kopf"

Die Durchführung von Rollenspielen hat den Vorteil, daß ein neues Verhalten so eingeübt werden kann, daß es in der realen Situation zur Verfügung steht. Allerdings ist es nicht immer möglich, Rollenspiele durchzuführen: Es fehlen geeignete Rollenspielpartner, man möchte sein Problem anderen nicht offenbaren, die Scheu vor einem Spiel ist zu groß. Sie können dann auch ein „Drehbuch“ für ein Rollenspiel entwerfen. Anstelle des konkreten Spiels üben Sie nun die Szene mit den einzelnen Sequenzen in Ihrer Vorstellung. Sie stellen sich anhand des Drehbuchs die Situation genau vor und spielen sie im Kopf durch. Dieses Vorgehen ist im übrigen auch eine sehr gute Ergänzung zum realen Rollenspiel. Wann immer Sie gerade Zeit haben, im Wartezimmer des Arztes, an der Schlange im Supermarkt oder in der Straßenbahn, können Sie die erwartete Situation in der Vorstellung üben.

Das Rollenspiel reduziert die Angst, weil Sie erleben, daß Sie die Bewertungssituation bewältigen können. Dazu kommen Lern- und Übungseffekte: Das gespielte Verhalten ist im Gedächtnis mehrfach verankert und durch wiederholtes Üben in der Realsituation leicht verfügbar. Der Rollentausch, d.h. die Übernahme der Rolle der Zuhörer bei einem Vortrag, des Prüfers in einer Prüfungssituation oder der Kommunikationspartnerin bei einer Verabredung, kann zu der Einsicht führen, daß die beteiligten Personen gar keinen Grund haben, negativ zu reagieren, sondern in der Regel freundliche, aufmerksame, interessierte und offene Interaktionspartner sind. Vielleicht erfahren Sie im Rollenspiel auch, daß die anderen die Situation längst nicht so wichtig wie Sie selber nehmen und Ihre Fehler oder Unsicherheiten nicht bemerkt oder sehr bald wieder vergessen haben.

Zusammenfassung: Rollenspiel

Im Rollenspiel können soziale Fertigkeiten zur Bewältigung von Belastungssituationen erworben und eingeübt werden. Durch Rollentausch werden

Sichtweisen und Erleben aller Beteiligter der Belastungssituation nachvollziehbar.

Literatur

Fliegel St et al. (1994) Verhaltenstherapeutische Standardmethoden. Psychologie Verlags Union, Weinheim

van Ments M (1985) Rollenspiel effektiv. Ehrenwirth, München

Mit kleinen Schritten Erfolgserlebnisse schaffen

Mißerfolgserfahrungen basieren häufig darauf, daß der eigene Anspruch an die Bewältigung einer Aufgabe zu hoch angesetzt ist. Die Verhaltensänderungen, die zum Erreichen der gesetzten Ziele notwendig sind, sind selten durch den einen „großen Wurf" zu erreichen. In der Regel sind viele kleine Schritte notwendig, die zusammen Zeit und Anstrengung erfordern.

Der Lernpsychologe Skinner hat die Bedeutung kleiner Schritte und vieler kleiner Erfolgserlebnisse erkannt und vorgeschlagen, Verhaltensänderungen nach diesem Prinzip zu erreichen. Wenn Sie z.B. Angst davor haben, vor einer Gruppe zu sprechen, dann werden Sie nicht mit einem Schlag zu einem völlig souveränen Redner werden. Das Ziel, nur wenig aufgeregt zu sein, eine Rede zu halten, die die Hörer anspricht und mit der Sie die Informationen vermitteln, die Sie weitergeben möchten, kann nur Schritt für Schritt erreicht werden.

Eine gute sachliche und didaktische Vorbereitung wird helfen, Ihre Angst zu reduzieren (s. dazu Kap. 7). Sie können aber auch einige Schritte planen, die darüber hinaus besonders darauf abzielen, Ihre Selbstsicherheit in der zu erwartenden Situation zu unterstützen.

Wenn Sie Karteikarten für die Gliederung als Stichwortgeber während des Vortrags benutzen, können Sie an geeigneten Stellen einige andersfarbige Karten einfügen, die Sie an Maßnahmen zur Unterstützung Ihrer eigenen Sicherheit erinnern. Die erste dieser Karten könnte lauten:

„Ich atme ruhig durch und stehe mit beiden Beinen fest auf der Erde."
Eine zweite Karte könnte die Erinnerung „Ankern" enthalten – vorausgesetzt, Sie haben vorher das Ankern (vgl. S. 88) eingeübt.
Eine nächste Karte könnte lauten:
„Ich unterstreiche das Gesagte mit Gesten."
Gegen Ende des Vortrags ist es vielleicht gut, sich noch einmal zu erinnern:
„Ich spreche ruhig und laut."
Die letzte dieser Karten, nach Ende des Vortrags, könnte lauten:
„Ich lächle und bedanke mich bei den Hörern für ihre Aufmerksamkeit."

Schätzen Sie die Ausgangslage hinsichtlich der Stärke Ihrer Angst ein. Wie stark ist Ihre Angst, wenn Sie sich vorstellen, daß Sie vor einer großen Gruppe sprechen? Erinnern Sie sich an die größte Angst, die Sie in Ihrem Leben je hatten. Diese Angst würde auf Ihrem „Angstthermometer" die Zahl 100 erhalten. Der Zustand völliger Ruhe und Ausgeglichenheit bekäme die Zahl 0. Wenn Sie die Angst davor, eine Rede zu halten, vielleicht mit dem Wert 80 einschätzen, dann sollten Sie anstreben, in der nächsten Rede nur eine Angstintensität von etwa 65 zu erleben. Mithilfe der im Vorfeld des Vortrags eingeübten Techniken zur Angstbewältigung, z.B. der Atemkontrolle, dem Ankern oder bestimmter Schritte aus den Abschnitten „Selbsthypnose“, „Selbstverbalisation“ wird dies leicht möglich sein. Nach diesem ersten Erfolg wird dann bei dem folgenden Vortrag ein Angstniveau von 40 angestrebt, dann ein Niveau von 25. So nähern Sie sich Schritt für Schritt dem angestrebten Ziel.

Nach dem Vortrag können Sie überprüfen, welche der Maßnahmen auf den Erinnerungskarten Sie im Ernstfall umsetzen konnten. Wenn Sie am Anfang 2 oder 3 der Maßnahmen ausgeführt haben, ist dies schon ein Erfolg.

Etwas Angst bleibt immer übrig. Da die meisten Bewertungssituationen subjektiv und auch oft objektiv sehr bedeutsam sind, ihr Verlauf aber in der Regel nicht vorhersehbar und auch schwer kontrollierbar ist, muß Angst in solchen Situationen als realitätsangemessenes Gefühl angesehen werden. Etwas Angst ist sogar leistungsfördernd. Deshalb sollten Sie eine Angststärke von 20–30 auf Ihrer persönlichen Angstskala akzeptieren und keine weiteren angstreduzierenden Maßnahmen durchführen, wenn Sie diesen Wert erreicht haben.

Die Verwendung eines „Angstthermometers“ (eine Skala von 1 bis 100) empfehlen wir natürlich auch bei der Reduzierung von Angst in anderen Belastungssituationen und nicht nur für das Halten von Vorträgen.

Zusammenfassung: Angstreduzierung in kleinen Schritten

Das Ziel der Angstreduktion schrittweise angehen. Teilschritte ermöglichen Erfolgserlebnisse und ermutigen so zum Durchhalten.

Literatur

Angermeier WF et al. (1991) Lernpsychologie. Reinhardt, München

Kontrolle über die Bewertungssituationen erhöhen

Wie wir gesehen haben, ist Bewertungsangst ein weitverbreitetes Phänomen. Aufgrund unterschiedlicher Lebenserfahrung und biologischer Disposition reagieren Menschen sehr unterschiedlich auf Bewertungssituationen. Angst in Bewertungssituationen wird vor allem durch die *Unkontrollierbarkeit* und die mangelnde *Vorhersagbarkeit* der Situation bestimmt. Die Folgen einer Prüfung oder eines öffentlichen Auftritts können durchaus erheblich sein. Deshalb muß es besonders beängstigend wirken, wenn die Person den Eindruck hat, daß sie diese wichtige Situation nicht unter Kontrolle haben kann. Tatsächlich sind Prüfungen sehr komplexe Situationen und Sie wissen, daß der Ausgang einer Prüfung von sehr vielen Einflüssen abhängt, auf die Sie als Prüfling kaum Möglichkeiten der Einwirkung haben. Kein Prüfling ist perfekt, und der Prüfer kann zufällig Ihre Wissenslücke treffen. Der Prüfer kann einen schlechten Tag haben, in der Prüfungskommission gibt es Spannungen zwischen den Prüfern, das heiße Wetter macht Ihnen zu schaffen, oder während Sie auf den Prüfer warten, bemerken Sie plötzlich ein Loch in Ihrem Strumpf.

Da oft wenig konkretes Wissen über den Verlauf und die wichtigen Einflußgrößen vorliegt, bleibt der Phantasie viel Raum, diese Lücken zu schließen. Je mehr ungünstige Lebenserfahrungen bereits vorliegen, umso mehr neigen Menschen dazu, diese Wissenslücke mit Befürchtungen, Angstgedanken und Katastrophenvorstellungen zu füllen. Der Gedanke, in einer wichtigen Lebenssituation nur geringe Kontrolle über den Ausgang des Geschehens zu haben, erzeugt Angst, die sich negativ auf die Einstellung und die Vorbereitung der Bewertungssituation auswirken kann oder gar zu Vermeidungsverhalten führt.

Hier kann eine gute, gezielte Vorbereitung und vor allem das Einholen möglichst vieler Informationen über die Prüfer, die Inhalte, das Prüfungsverfahren, die Räumlichkeiten usw. helfen. Je mehr Sie darüber wissen, umso besser können Sie sich auf die Situation einstellen, Einfluß auf deren Verlauf nehmen und damit Ihre Angst reduzieren. Dieses Wissen hilft nicht nur vor der Prüfung, sondern auch in der Prüfung selbst. Wir sagen z.B. unseren Prüfungskandidaten, daß wir in den von uns durchgeführten Prüfungen erwarten, daß die Prüflinge eine kurze Zusammenfassung ihrer Prüfungsthematik geben. Die Prüflinge können sich darauf einstellen und so den Prüfungsverlauf mitbestimmen. Dies gilt natürlich nur für Studierende, die Informationen über den Prüfungsverlauf eingeholt haben.

Der prüfende Professor in meiner Diplomprüfung hatte die Angewohnheit, eine Frage zu stellen, meine Antwort freundlich anzuhören und dann, ohne eine Rückmeldung über die Richtigkeit oder Vollständigkeit der Antwort, zu schweigen. Erst nach einer längeren Schweige- und Denkpause formulierte er in Ruhe die nächste Frage. Diese Pause war für mich quälend, weil ich den Eindruck hatte, nicht das Richtige oder noch nicht genug vorgetragen zu haben. Hätte ich gewußt, daß es sich hier nur um eine Eigenart des Prüfers handelte, hätte ich die nächste Frage gelassener abwarten können und die Prüfung wäre angenehmer gewesen. Allerdings könnten auch die Prüfer den Prüflingen mehr Sicherheit geben, indem sie rückmelden, daß die Antworten richtig sind, die Frage erschöpfend beantwortet ist, noch ein spezieller Aspekt fehlt oder auch, daß der eingeschlagene Argumentationsweg in eine Sackgasse führt.

Die *Vorhersagbarkeit* eines Ereignisses hat ebenfalls Auswirkungen auf die Angst.

In einer Gruppe von Erwachsenen, die eine Prüfung vor sich hatte, konnte ich deutlich merken, wie der Angstpegel sank, als ich den Teilnehmern die zutreffende Information gab, daß in den letzten Jahren 99 von 100 Prüflingen dieses Examen mit Erfolg abgelegt hatten. Dieser Effekt stellt sich nur dann ein, wenn die Prüflinge keine Informationen über die Erfolgsquoten haben. In unseren Examenskolloquien an der Universität wissen die Studierenden in der Regel, wie hoch die Durchfallquote ist.

Obwohl es sicher zutrifft, daß der Ablauf und der Ausgang einer Prüfung, einer Rede oder eines Rendezvous nicht völlig voraussehbar und steuerbar sind, gibt es bei genauerer Betrachtung doch eine Reihe von Möglichkeiten, sich auf diese Ereignisse vorzubereiten und mehr Kontrolle zu gewinnen. Die Vorstellung, auf wichtige Ereignisse im Leben keinen Einfluß zu haben, lähmt die Energie, stimmt verzweifelt und kann sogar zu tiefen depressiven Stimmungen führen. Eine Grundhaltung dagegen, die sich z.B. in einem Satz wie: „Der Steuermann meines Lebensschiffes bin ich selbst!" ausdrücken könnte, ermutigt, sich den Prüfungen des Lebens zu stellen. Einige Situationen werden vielleicht ungünstig ausgehen, aber es gibt auch immer wieder neue Chancen und Erfolge, wenn man versucht, sein Leben aktiv zu gestalten.

Der junge Student, der es nicht wagt, eine Kommilitonin anzusprechen und sich mit ihr zu verabreden, wird ohne Erfolg bleiben, wenn er den Versuch erst gar nicht unternimmt. Seine Chancen, den ersten Kontakt erfolgreich und für beide Teile angenehm zu gestalten, kann er erhöhen, wenn er weiß, wie Frauen in der Regel auf verschiedene Formen von Kontaktaufnahmen reagieren. Die Kontrolle über die Situation wird also erhöht, wenn der Student sich schon vorher einige Rede-Eröffnungen überlegt, die es einer Frau leichter machen, sich auf ein Gespräch einzulassen. Der Satz „Der Steuermann meines Lebensschiffes bin ich selbst", den der Student oft zu sich selber sagte, ermutigte ihn, sein Vorhaben aktiv anzugehen. Auch zur Bewältigung anderer schwieriger Situationen konnte er sich mit diesem Satz motivieren.

Beispiel

Lehrreich ist die Geschichte eines angesehenen Psychotherapeuten, dessen Sohn sich in ein junges Mädchen verliebt hatte. Der Sohn wußte nicht, wie er es für sich gewinnen konnte und fragte den Vater um Rat. Der Vater trug ihm auf, soviel wie möglich über das Mädchen in Erfahrung zu bringen. Der Junge informierte sich über die Lebensumstände der Familie, fand heraus, welche Interessen und Hobbys das Mädchen hatte, daß sie noch 3 Geschwister hatte, fragte die Geschwister, die Bekannten und Freundinnen nach Einzelheiten. Der jungen Dame blieben diese Nachforschungen nicht verborgen. Sie fühlte sich geschmeichelt und war dann sehr erfreut, als der Junge sie zu einem Kinobesuch in einen Film einlud, in dem ihr Lieblingsdarsteller eine Hauptrolle spielte.

Eine ähnliche Strategie, Beziehungen anzuknüpfen und als angenehmer Gesprächspartner erlebt zu werden, stellen wir Ihnen im folgenden vor:

Versuchen Sie, in den ersten Gesprächen, nach einer geeigneten Gesprächseröffnung, so viel wie möglich über Ihren Gesprächspartner zu erfahren. Seien Sie neugierig, fragen Sie interessiert nach, welche Interessen er hat, ob er noch Geschwister hat, wo er lebt und ob er gern dort lebt und was er an dem Wohnort schätzt, wie seine Wohnung aussieht, wie seine Beziehung zu seinen Eltern ist usw. Stellen Sie möglichst viele Fragen, die mit „wie" und „warum" beginnen, damit Ihr Gesprächspartner ausführlicher antworten kann, als nur mit ja oder nein. Wenn Sie etwas nicht verstanden haben, fragen Sie nach. Der Gesprächspartner wird dies als Interesse an seiner Person ansehen – fast alle Menschen erzählen gern von sich – und er wird Sie sympathisch finden. Überreichen Sie z.B. bei einer Einladung ein kleines Geschenk. Sie können dann vorher schon überlegen, was Sie dazu sagen. Damit haben Sie eine Möglichkeit, den wichtigen Einstieg bei einer Party schon vorzubereiten. Loben Sie Ihre Gesprächspartner, machen Sie ihnen Komplimente. Erstaunlicherweise zeigen wissenschaftliche Untersuchungen, daß die Überbringer von Komplimenten selbst dann noch besonders sympathisch gefunden wurden, wenn der Empfänger des Kompliments die Absicht (z.B. die Überredung zum Kauf eines Autos) erkennt.

Mehr Kontrolle in Leistungssituationen, wie z.B. bei einer Rede, die Sie halten müssen, bekommen Sie, indem Sie auch hier möglichst viele Informationen einholen. Gehen Sie vor dem Vortrag in den Vortragsraum, überprüfen Sie das Mikrophon, die technischen Anlagen, die Sie verwenden. Wenn Sie Diapositive zeigen möchten, stellen Sie fest, ob der Raum zu verdunkeln ist. Sortieren Sie sorgfältig Ihr Manuskript und die Folien, die Sie zeigen möchten. Technische Unzulänglichkeiten können das Konzept eines sehr guten Vortrags stören und den Redner irritieren. Versuchen Sie, soviel wie möglich über Ihre Zuhörer herauszufinden. Wieviele Zuhörer sind zu erwarten, was mag sie interessieren, warum kommen sie gerade zu Ihnen in den Vortrag, was können die Zuhörer mit den Informationen, die Sie vermitteln wollen, anfangen? Stellen Sie sich vor dem Vortrag an das Pult und beherzigen Sie schon bei diesem „Probelauf“, was ein guter Rhetoriker seinen Kursteilnehmern empfahl, um die Aufregung zu kontrollieren: „Füße fest auf den Boden, Pobacken zusammenkneifen!“ Dieser intuitiv gefundene Rat kann dazu führen, daß der Vortragende seinen Körper kontrolliert und damit auch die Erregung unter Kontrolle hat. Zugleich verhindert dieses Vorgehen die Entwicklung von störenden Angstgedanken (mehr zur Bewältigung von Vortragssituationen s. Kap. 7). Viele der in anderen Abschnitten dieses Kapitels beschriebenen Maßnahmen, wie z.B. das Rollenspiel, erhöhen auch die Kontrolle über die kritische Situation.

Die Beispiele sollen verdeutlichen, daß bei genauerer Überlegung viele Chancen gegeben sind, die Kontrolle über Bewertungssituationen zu verbessern, indem möglichst viele Informationen über alle Elemente der Situation eingeholt werden. Dabei kommt es auch auf scheinbar Nebensächliches an. Kleine Versäumnisse können manchmal große Wirkungen haben. Der beste Vortrag verliert seine Wirkung, wenn das Mikrophon ständig aussetzt. Die „Vogel-Strauß-Politik“, den Kopf in den Sand zu stecken und abzuwarten, was passieren wird, ist sicher nicht der richtige Weg, um Angst abzubauen.

Zusammenfassung: Kontrolle über Bewertungssituationen

Die Kontrolle über Bewertungssituationen kann erhöht werden, wenn möglichst viele Informationen über die Situation eingeholt werden. Dabei sind auch „Kleinigkeiten“ wichtig.

Literatur

Cheek J (1993) Warum so schüchtern? Kösel, München

Bewegung

Körperliche Fitness ist ganz allgemein auch die Grundlage des körperlichen Wohlbefindens, also kann sportliche Aktivität nicht schaden. Gerade Ausdauersportarten wie Langstreckenlauf, Schwimmen und Fahrradfahren verbessern die körperliche Fitness und sind auch in Phasen geistiger Anstrengung nützlich.

Bei der Bewältigung von Angst kann die körperliche Aktivität besonders wichtig sein. Die Natur hat uns mit Angst ausgestattet, und ursprünglich ist sie eine nützliche und komplexe Reaktion. Der Organismus bereitet sich auf einen Kampf oder auf eine Flucht vor. Dabei wird das Hormon Adrenalin ausgeschüttet (Streßhormon), das im Fall einer Flucht für eine verbesserte Energieversorgung der Muskeln sorgt. Leider rechnet das biologische System nicht mit Prüfungen oder Vorträgen. Die aufgrund der Angst vor einer Prüfung ausgeschütteten Hormone werden während des Lernens auf diese Prüfung nicht durch Aktivität verbraucht und bewirken, daß eine erhöhte Aktivierung und Handlungsbereitschaft bestehen bleibt. Also ist Bewegung besonders wichtig, um das hormonelle Niveau wieder zu normalisieren. Nach einer halben Stunde Sport fühlt sich der Lernende wieder überraschend frisch und entspannt.

Sicher haben Bewegungspausen weitere Vorteile. Der ängstliche Lerner gönnt sich gar keine Pausen und überlastet so die Fähigkeiten des Gehirns, Stoff zu speichern. Gelegentliche Bewegungspausen verbessern die Speicherfähigkeiten und erlauben dem gelernten Stoff, sich im Gehirn zu konsolidieren. Zusätzlich kommt es zu einer verbesserten Blutversorgung des Gehirns.

Die Bewegung kann aber auch ein Mittel gegen eine geistige Starre gegenüber einem Lernstoff sein, die sich möglicherweise bei einem ängstlichen Lerner einstellt.

„In Bewegung bleiben“, „beweglich sein“ sind Redensarten, die Merkmale des geistigen Funktionierens bezeichnen. Der Dauerlauf oder die Fahrradtour können im ängstlich-starren Lerner wieder die allgemeine Überzeugung wecken, „beweglich zu sein“. Das Vorankommen und das Aushalten eines Widerstands, auch das Ausweichen vor Hindernissen sind grundsätzliche Analogien zu geistiger Beweglichkeit, die diese wieder anstoßen können.

Ein Black-out in Prüfungen oder in anderen Streßsituationen ist neben der geistigen Blockierung in der Regel auch von einer körperlichen Angststarre begleitet. Durch körperliche Aktivität (Aufstehen, einige Schritte auf und ab gehen, unauffällig auf dem Stuhl rutschen, die Zehen bewegen) kann es auch wieder zu einer gedanklichen Beweglichkeit kommen.

Zusammenfassung: Bewegung

Durch körperliche Bewegung wird die Angststarre gelöst, und es kommt wieder zu geistiger Beweglichkeit.

Literatur

Schneider W (1992) Die Sieger: Wodurch Genies, Phantasten und Verbrecher berühmt geworden sind. Gruner und Jahr, Hamburg

6 Angst bei Kindern und Jugendlichen

Wir weichen in diesem Kapitel von der Grundlinie dieses Buches, qualifizierte Hilfe zur Selbsthilfe anzubieten, etwas ab und gehen auf die Bedeutung der Schule und auf die Ängste von Kindern und Jugendlichen ein. Dies tun wir aus der Annahme heraus, daß die Schule für Kinder ein Ort ist, an dem Bewertungsangst entstehen oder verstärkt werden kann, und daß vorbeugende bzw. therapeutische Maßnahmen hier besonders wirkungsvoll und hilfreich sein können. Also geben wir einige Anregungen, wie Erzieher Kindern mit Bewertungsangst helfen können.

Natürlich kommen Kinder auch hinsichtlich ihrer Angstbereitschaft nicht als Tabula rasa in die Schule, viele von ihnen haben bereits durch elterliche Erziehung oder Kindergartenerfahrungen gelernt, sich ängstlich zu fühlen und zu verhalten. Spätestens wenn in der Schule die Leistungen benotet werden (in Nordrhein-Westfalen z.B. ab dem 3. Schuljahr), wird die Bewertungsangst bedeutsam.

Angstmessung

Es ist nicht ganz einfach, die Angst von Kindern und Jugendlichen zu erfassen. Die Einschätzung der kindlichen Angst durch Eltern und Lehrer stimmt nur wenig mit den Selbstberichten der Kinder überein. In den

USA wurde deshalb ein sehr leicht durchzuführender Test für Kinder und Jugendliche im Alter von 8 bis 18 Jahren (Visual Analogue Scale for Anxiety) entwickelt. Der Test genügt durchaus den gängigen wissenschaftlichen Kriterien, die an solche Meßinstrumente angelegt werden. Ursprünglich umfaßte dieser Test 40 Fragen. In einer sorgfältigen Überarbeitung wurde der Test nach einer statistischen Itemanalyse auf die wichtigsten 11 Fragen verkürzt. Unsere Annahme, daß bei den Ängsten von Kindern die Schule eine herausragende Rolle spielt, bestätigte sich dadurch, daß sich die meisten der 11 verbliebenen Fragen auf die Schule bezogen.

Weil Kinder und Jugendliche häufig ihre Gefühlszustände nicht so gut formulieren können, besteht dieser Test aus visuellen Skalen mit den beiden Polen „zittrig, aufgeregt“ und „ruhig“, auf der die Testpersonen ihre Befindlichkeit durch einen Strich markieren.

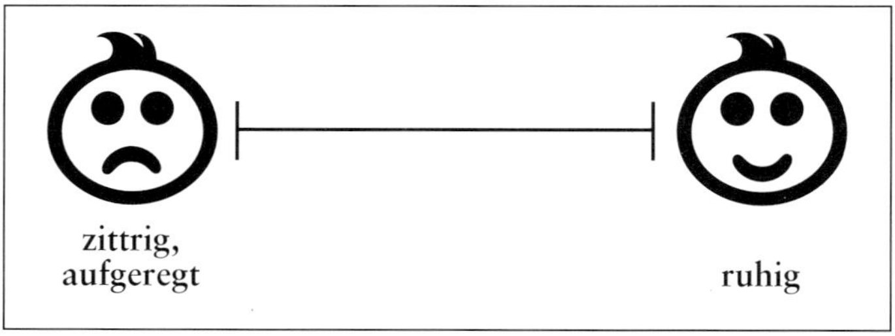

Der Testwert pro Frage wird in Zentimeter-Abstand vom Pol „ruhig“ gemessen. Der Gesamttestwert besteht aus dem arithmetischen Mittel der 11 Einzelwerte. Die Testitems lauten:

- Wenn ich von der Lehrerin aufgerufen werde
- Manchmal kann ich kaum atmen; mein Herz rast oder hämmert, mir ist schwindelig
- Wenn das neue Schuljahr anfängt

- Wenn ich allein in der Pause bin
- Wenn wir einen Schulausflug machen
- Auf dem Schulweg
- So fühle ich mich meist
- Wenn ich daran denke, daß ich am Montag früh wieder in die Schule gehe
- Wenn ich aufstehe und vor der ganzen Klasse spreche
- Wenn ich das Schulgebäude betrete
- Wie ich mich gerade jetzt fühle

(Übersetzte und auf deutsche Verhältnisse angepaßte Version des VAA-R nach Berstein u. Garfinkel 1992)

Die Angstbelastung von Kindern und Jugendlichen liegt relativ hoch. Je nach Untersuchungsverfahren und Stichprobe wurden in amerikanischen Studien etwa 15% der Schüler als angstgestört identifiziert (Kashani u. Orvaschel 1990 und McGee et al. 1990).

Was läßt sich gegen Angstbelastung tun?

Vor allem in den Grundschulen haben die Lehrkräfte die besondere Verpflichtung, aber auch besondere Chancen, ein möglichst angstfreies Klassenklima herzustellen. Die meisten Lehrerinnen und Lehrer versuchen, sich selbst sozial-integrativ und freundlich zu verhalten. Dazu gibt es umfangreiche Anregungen in der Literatur (Dreikurs 1973, Gordon 1977, Tausch u. Tausch 1973). Wenn es aber dann zu Bewertungssituationen kommt, verändert sich das Klima in der Klasse: Klassenarbeiten werden häufig in einem angsterzeugenden Setting durchgeführt: Der Lehrer sagt z.B. mit strenger Stimme, daß eine Arbeit geschrieben wird (gelegentlich unangekündigt), er verlangt, daß alle Utensilien, bis auf das Schreibgerät, vom Pult entfernt werden, warnt vor Täuschungsversuchen, weist auf die begrenzte Zeit hin usw. Nicht alle Lehrkräfte können sich vorstellen, wie dieses Setting auf ihre Schülerinnen und Schüler wirkt.

Ein „sanfter" Übergang der Kinder vom Kindergarten zur Grundschule, Spiele, Gruppenarbeit und die Abschaffung des Notenschlüssels zur Leistungsbewertung in den ersten zwei Schuljahren sind Wege, die gegangen werden, um die Angst in der Schule zu verringern.

Negative Selbstgespräche ändern

Als sehr effektiv erwies sich (Goldfried 1979), daß die Kinder übten, negative Selbstgespräche durch positive und aufgabenbezogene interne Gespräche zu ersetzen. Solche positiven Sätze können z.B. lauten:

- „Ich bin gut bei solchen Aufgaben."
- „Ich bin schnell genug, um die Aufgabe zu Ende zu bringen."
- „Ich tue mein Bestes."
- „Ich bin schlau genug, um das zu schaffen."

Besonders hilfreich sind Sätze, mit denen die Kinder ihre Aufmerksamkeit auf die Aufgaben konzentrieren, wie:

- „Ich bleibe ruhig und entspannt. Ich probiere einen anderen Weg."
- „Immer Schritt für Schritt, eins nach dem anderen."
- „Ich löse erst eine andere Aufgabe, dann wird mir diese leichter fallen."

Lernen am Modell

Eine interessante Idee hatten Elbing und Ellgring (1977). Sie bildeten in den Klassen 5–8 Paare mit je einem hoch- und einem niedrigängstlichen Schüler. Es wurde erwartet, daß die hochängstlichen Schüler von ihren Banknachbarn mehr aufgabenorientiertes Verhalten, bessere Lernstrategien und selbstbewußtere Verhaltensweisen lernen würden, indem sie sich diese Fähigkeiten einfach „abguckten". Tatsächlich konnten bessere Leistungen und eine Reduzierung der Angst bei hochängstlichen Schülern nachgewiesen werden. Dieser Erfahrung liegt das Prinzip „Lernen am Modell" zugrunde (s. Kap. 5).

Das gleiche Prinzip liegt vermutlich einem Untersuchungsergebnis von Coates u. Thoresen (1976) zugrunde. Die Autoren fanden einen Zusammenhang zwischen Ängstlichkeit der Lehrer einerseits und seelischer Stabilität und Leistungen der Schüler andererseits. Sie schlagen deshalb vor, die Lehrkräfte bei der Bewältigung ihrer eigenen Ängste zu unterstützen. Wenn die Lehrkräfte mit ihren Ängsten besser umgehen können, würde damit der Streß in ihren Klassen sinken und die Schüler könnten die Angstbewältigung am Modell des Lehrers lernen.

Geschichten und Märchen

Zum Schluß dieses Kapitels sei noch auf die Möglichkeit, Geschichten, Metaphern oder Märchen zu erzählen, hingewiesen. Nicht nur Kinder lieben möglichst spannende und detailreiche Geschichten. Märchen und Geschichten waren und sind bis heute wichtige Wege, Verhaltensweisen, Einstellungen und grundlegende kulturelle Werte über Generationen weiterzugeben. Wichtig ist, daß in diesen Geschichten die Situation der Kinder in verkleideter Form vorkommt, sie sich also wiedererkennen können, und daß die Geschichten ein gutes Ende finden.

Möchte die Lehrerin die Kinder z.B. darauf hinweisen, daß es zur Bewältigung einer Aufgabe viele Wege gibt und daß es günstig ist, nach einem Fehlschlag nicht zu resignieren, dann kann sie z.B. eine Geschichte erfinden, in der ein Kind einen Schatz sucht:

> Das Kind steht in einer großen Halle, von der viele Flure ausgehen. Es geht los und muß feststellen, daß der Gang plötzlich endet. Es findet den Weg zur Halle zurück und probiert einen anderen Gang aus. Am Ende dieses Ganges stößt es auf eine verschlossene Tür. Erst nach einigen Versuchen gelingt es ihm, den Öffnungsmechanismus der Tür zu finden. Dann merkt es, daß sich die Tür leicht öffnen läßt, betritt den Raum und freut sich über den Schatz, den es in der Mitte des Raumes findet.

Phantasiebegabte Lehrerinnen und Lehrer werden viele der Anregungen dieses Buches aufnehmen und zur Angstbewältigung auf die Bedürfnisse ihrer Kinder hin modifizieren können (z.B. andere Geschichten, Rollenspiele, Phantasiereisen). Es ist auch durchaus denkbar, daß Lehrer zusammen mit ihren Schülern entsprechende Geschichten entwickeln und evtl. spielen.

Die Verwendung von Geschichten wurde in Kap. 5 ausführlich behandelt.

Zusammenfassung: Angstbewältigung bei Kindern

Ersetzen ungünstiger Selbstgespräche durch positive, aufgabenbezogene innerlich gesprochene Sätze.
Lernen am Modell anderer Schüler und der Lehrer.
Erzählen und Erfinden lösungsorientierter Geschichten.

Literatur

Bernstein GA, Garfinkel BD (1992) The Visual Analogue Scale for Anxiety-Revised: Psychometric Properties. Journal of Anxiety Disorders 6: 223–239

Coates TJ, Thoresen CE (1976) Teacher Anxiety: A review with recommendations. Review of Educational Research 46: 159–184

Dreikurs R (1973) Psychologie im Klassenzimmer. 6. Aufl. Klett, Stuttgart

Elbing E, Ellgring JH (1977) Verminderung der Prüfungsangst durch Modelllernen im Klassenzimmer. Psychologie in Erziehung und Unterricht 24: 1–10

Goldfried MR (1979) Anxiety reduction through cognitive-behavior interventions. Cognitive-Behavioral Interventions Theory. Research and Procedures. Academic Press, New York

Gordon Th (1977) Lehrer-Schüler-Konferenz. 3. Aufl. Hoffmann und Campe, Hamburg

Kashani JH, Orvaschel H (1990) A community study of anxiety in children and adolescents. American Journal of Psychiatry 147: 313–318

McGee R et al. (1990) DSM-III disorders in a large sample of adolescents. Journal of the American Academy of Child and Adolescent Psychiatry 29: 611–619

Strupf JA, Fodor I (1993) The Treatment of Test Anxiety in Elementary School-Age Childern: Review and Recommendations. Child & Family Behavior Therapy 15(4): 19–42

Tausch R, Tausch A (1973) Erziehungspsychologie. 7. Aufl. Hogrefe, Göttingen

7 Verhaltenstips

Es gibt natürlich bei allen Lebensaufgaben geschicktere und weniger geschickte Verhaltensweisen. Die Angst vor Prüfungen, die Angst vor Vorträgen, Bewerbungsgesprächen oder die Angst davor, frei in Gruppen zu sprechen, ist weniger begründet, wenn man sich „geschickt" anstellt und sich dadurch den Erfolg in den genannten Situationen erleichtert. Zur Angstbewältigung gehören also nicht nur Strategien, die sich direkt auf die Angst beziehen, sondern eben auch Strategien, die das Verhalten in den genannten Situationen erfolgreich werden lassen.

Natürlich kommt es, was die Vorbereitung von solchen Situationen betrifft, bei jedem von Ihnen darauf an, dort, wo Sie Kompetenzen haben, Ihre Stärke weiter auszubauen, und in Bereichen von Defiziten einmal ein neues Verhalten auszuprobieren. Wir bieten in diesem Buch viele Möglichkeiten zur Erweiterung des Kompetenzrepertoires an, Sie können selbst wählen, was Sie für Ihre Person und in Ihrer Situation für ausprobierenswert halten.

Tips für Prüfungen

Sich informieren

Hier werden von Kandidaten – oft aus einer gewissen Angststarre heraus – häufig Fehler gemacht. Es gibt meist mehr Informationen, als in Prüfungsordnungen oder offiziellen Anweisungen stehen, man muß sie sich aber aktiv suchen!

Ehemalige Prüflinge

Am besten wissen die Personen über eine Prüfung Bescheid, die sie schon einmal gemacht haben: Je ähnlicher deren Prüfung war, umso besser (gleiches Prüfungsthema, gleicher Prüfer, gleiches Semester wäre optimal). Für Examensprüfungen wäre es also gut, einfach mal vor dem Prüfungsraum zu stehen und sich nach der Prüfung bei den Prüflingen zu erkundigen, was gefragt wurde. Wichtige Fragen können auch sein: Wie haben sie sich vorbereitet, hatten sie Skripts, Listen der Prüfungsfragen usw.? Kann man irgendwelche Materialien in die Prüfung mitnehmen? Welche Erfahrungen haben sie mit dem Prüfer gemacht? Gibt es Meinungen des Prüfers, die man in der Prüfung besser nicht anzweifeln sollte?

Natürlich sind nur Personen, die Erfolg hatten, geeignete „Auskunftspersonen“ für Sie, die Ihnen wichtige Ratschläge geben können. Personen, die keinen Erfolg hatten, wissen ja ganz offensichtlich nicht, wie es gemacht wird.

Information über den Prüfer

In einigen Prüfungen (z.B. akademischen Examen) kann es auch ganz nützlich sein, die Spezialgebiete des Prüfers zu kennen. Diese lernt man am besten, indem man seine aktuellen Veröffentlichungen liest. Sicher geben die Prüfer gern in ihren Sprechstunden über ihre Veröffentlichungen Auskunft, ja, meist kann man bei ihnen sogar verbilligte Autorenexemplare oder kostenlose Sonderdrucke der Zeitschriftenaufsätze bekommen. Auch in die Sprechstunden von Assistenten und Mitarbeitern des Prüfers zu gehen kann nützlich sein. Immer wieder wird auch einmal erzählt, wie begeistert Prüfer waren, wenn in der Prüfung ihre aktuellen Interessengebiete zur Sprache kamen und die Prüfung sich dann von einem Abfragen mehr zu einem Gespräch entwickelt hat. Ein Beispiel soll noch einmal erläutern, wie nützlich es sein kann, die Veröffentlichungen und Interessen des Prüfers zu kennen.

Im Vordiplom Psychologie machte ich eine Prüfung bei einem bekannten Verhaltensforscher, der ein sehr wichtiges Buch über Katzen geschrieben hatte. Es kamen immer zwei Prüflinge in eine Prüfung. Unsere begann gar nicht glücklich. Wir wurden nach der Bedeutung eines Begriffes gefragt, die wir beide nur erraten konnten. Und wir lagen mit unserer Vermutung daneben. Der Prüfer sagte immer nur: „Versuchen Sie es noch mal." Aber wir kamen nicht auf die richtige Lösung. Dann kam es zu dem Satz: „Was wissen Sie denn überhaupt?", der uns, wie Sie sich sicher vorstellen können, nicht gerade froh stimmte. Glücklicherweise brachten wir das Prüfungsgespräch dann auf das Thema Katzen. Der – nun interessierte – Prüfer erzählte von dem Moment an mehr, als er fragte, und wir verließen die Prüfung – zu unserer eigenen Überraschung – mit der Note „gut".

Lassen Sie sich nicht beeindrucken, wenn erzählt wird, der Prüfer habe Ressentiments gegen Frauen, gegen Männer, gegen Berufspraktiker usw. Natürlich kann es so etwas geben, aber oft bilden sich Gerüchte, damit ein Kandidat seinen Mißerfolg vor sich und den anderen rechtfertigen kann. Wenn man sich den Mißerfolg nicht selbst zuschreiben möchte, schiebt man ihn auf vermeintliche Ressentiments des Prüfers. Ja, es ist geradezu wahrscheinlich, daß um Prüfer und Prüfungen herum solche Gerüchte entstehen, weil ja immer auch Erklärungsbedarf für nicht erwartungsgemäßes schlechtes Abschneiden da ist. Lassen Sie sich also nicht beirren. Eine Erwartung von irgendwelchen Ressentiments könnte auf Seiten des Prüflings zu einer unfreundlichen und feindseligen Einstellung führen, die für ihn nur nachteilig ist. Jeder sollte seine eigene Chance ohne hemmende Vorurteile nutzen.

Information von Mitprüflingen

Die Gruppe der Mitprüflinge ist auch deswegen so nützlich, weil sie bei der Informationssuche hilft. Jeder hört etwas, kann interessante nützliche Unterlagen beschaffen. Die gesammelten Informationen können in der Gruppe bewertet werden. Die Gruppe kann außerdem ein Gefühl von Geborgenheit und Schicksalsgemeinschaft schaffen, das auch Prüfungsangst wirkungsvoll reduziert.

Wenn sich im Laufe des Lernens nicht von selbst eine Gruppe gebildet hatte, sollte man daher für das Examen nach Mitstreitern suchen. In Examenskolloquien findet man Schicksalsgenossen, im Notfall helfen aber auch Suchanschläge an den schwarzen Brettern.

Allerdings gilt es hier eine wichtige Einschränkung zu machen. Nehmen Sie die Angaben Ihrer Lerngruppenmitglieder darüber, wieviel sie arbeiten und lernen, nicht allzu ernst. Viele Menschen erzählen nämlich, sie würden nur sehr wenig lernen, damit ein späterer Mißerfolg nicht als Unfähigkeit gewertet werden muß. Sie wollen sich also vor negativen Konsequenzen für ihr eigenes Selbstbild beschützen. Dies ist ja auch eine legitimes Bestreben. Allerdings kann es den gutgläubigen Mitprüfling in dem Glauben wiegen, er habe schon mehr als genug getan, auf jeden Fall mehr als seine Gruppenmitglieder. Dies kann sich im Nachhinein als Irrtum herausstellen.

Ich erinnere mich an meine Bundeswehrzeit, in der ich einen Führerschein erworben habe. Man lag mit der Gruppe der Kameraden, die den gleichen Führerschein erwerben wollten, auf einer Stube. Abends wurde eifrig in den Prüfungsunterlagen studiert. Morgens versicherte aber jeder dem anderen, er habe noch gar nichts gelernt und auch noch gar nicht in die Unterlagen geschaut.

Information über Wege und Orte

Eigentlich ist ja klar, daß man wissen sollte, wo die Prüfung stattfindet. Aber wie der Zufall es will, liegt der Raum vielleicht in einem schwer zugänglichen Gebäudetrakt. Sind die öffentlichen Verkehrsmittel zu dem Zeitpunkt in Betrieb? Wo werden Sie parken? Informationen darüber können nicht schaden. Der Streß, den Prüfungsraum nicht zu finden oder im letzten Moment einen Parkplatz zu suchen, wirkt sich nämlich auf die eigene Prüfungsstimmung sicher nicht positiv aus.

Richtig lernen

Angst vor Prüfungen können Prüfungskandidaten aus unterschiedlichsten Gründen haben. Einer dieser Gründe kann sein, daß Prüfungskandidaten nicht gut vorbereitet in Prüfungen gehen, weil sie bemerken, daß sie nicht effektiv gelernt haben. Sie klagen dann häufig über ein schlechtes Gedächtnis und sind verzweifelt darüber. Der Erklärung, ein schlechtes Gedächtnis zu besitzen, liegt eine falsche Annahme über die Funktionsweise des Gedächtnisses zugrunde. Richtig ist, daß fast immer eine ausreichende Gedächtniskapazität vorliegt. Lediglich der Umgang mit dem Gedächtnis ist nicht wirkungsvoll, der Einsatz der vorhandenen Ressourcen unzureichend.

Selbst die berühmten Gedächtniskünstler verfügen nicht über ein spezielles, größeres oder leistungsfähigeres Gedächtnis. Sie gehen nur mit ihrem Gedächtnis geschickter um. So erinnerte z.B. Rajan Mahadevan am 5. Juli 1981 in 3 Stunden und 49 Minuten 31.812 Stellen der

Zahl Pi. Der „Trick“ war: Die Zahlenreihen erinnerten ihn an besondere Melodien oder Geräusche: z.B. die Serie von 3701 bis 3800 z.B. „quietscht sehr“. Mit dieser Methode konnte er aber nur Zahlenreihen lernen. Bei anderem Lernmaterial waren seine Gedächtnisleistungen nicht außergewöhnlich. 1987 übertraf Hideaki Tomoyori seine Leistung, indem er 40.000 Stellen der Zahl Pi in 17 Stunden und 21 Minuten richtig wiedergab. Dieses Ergebnis erzielte er, indem er die Zahlen in eine Geschichte einband. Natürlich steckte hinter diesen Leistungen neben der Verwendung bestimmter Strategien auch ein jahrelanger Übungsprozeß mit diesen Vorgehensweisen.

In Schulen, Fachhochschulen, Universitäten und anderen Bildungs- und Ausbildungsinstitutionen wird selten vermittelt, wie man richtig lernt. Lernende sind häufig darauf angewiesen, nach dem Versuchs-Irrtums-Prinzip selbst herauszufinden, wie sie sich den Unterrichtsstoff erfolgreich erarbeiten. Dabei sind manche sehr erfolgreich, andere weniger. Auf alle Fälle könnte dieser mühsame Weg, das Lernen zu lernen, abgekürzt werden, wenn die wissenschaftlich begründeten Lernstrategien der kognitiven Psychologie vermittelt und eingeübt würden. Damit würde auch eine der Ursachen von Bewertungsangst in Prüfungen weitgehend beseitigt.

Wir haben an anderer Stelle ausführlich über das Lernen zu lernen informiert (Metzig u. Schuster 1996). Deshalb beschränken wir uns an dieser Stelle auf einige Tips zur Arbeitsorganisation und auf die Darstellung einer wissenschaftlich begründeten und in ihrer Wirksamkeit dokumentierten Strategie zum Lernen aus Lehrbuchtexten.

Tips zur Arbeitsorganisation

- *Lernen Sie nach Plan!* Informieren Sie sich darüber, was Sie lernen müssen, unterteilen Sie den Stoff in kleinere Einheiten und tragen Sie in Tages- und Wochenpläne ein, wann Sie welche Einheit bearbeiten werden.
- *Planen Sie Pausen ein!* Länger als 30 Minuten ohne Pause zu arbeiten ist wenig effektiv. Nach etwa 25 Minuten sollten Sie 5 Minuten Pause machen, alle 2 Stunden 15–20 Minuten.
- *Belohnen Sie sich, wenn Sie Ihr Pensum erfüllt haben!* Wenn Sie Ihr Pensum erfüllt haben, gönnen Sie sich etwas Gutes. Aber auch nur dann! Wenn Sie sich belohnen, bevor Sie Ihr Teilziel erreicht haben, könnten Sie eine ungünstige Arbeitshaltung entwickeln.
- *Lesen Sie Ihre Zusammenfassungen oder Stichworte kurz vor dem Schlafengehen noch einmal durch!* Während des Schlafes kann das Gelernte sich festigen, ohne durch den Zufluß neuer Information gestört zu werden.
- *Planen Sie mindestens 50% der Lernzeit für Übungen und Abrufversuche ein!*
- *Verteilen Sie Ihre Übungen und Vertiefungen!* Sie lernen effektiver, wenn Sie den Stoff an 5 Tagen jeweils 30 Minuten bearbeiten als an einem Tag 150 Minuten.

Die Lernstrategie PQ4R

Durch einfaches Lesen wird ein Text oder ein Lehrbuch kaum gelernt. Der Psychologieprofessor E. C. Sanford las in einem Zeitraum von 25 Jahren fast täglich (also etwa 5000mal) seiner Familie ein bestimmtes Morgengebet vor. Dennoch mußte er feststellen, daß er das Gebet noch immer nicht auswendig vortragen konnte (Sanford 1917, 1982). Bearbeiten Sie deshalb Ihren Text aktiv. Wenden Sie die in Tabelle 2 dargestellte Methode PQ4R an.

Tabelle 2. Die PQ4R-Methode

P **Preview:** Vorschau	Titel, Autor, Inhaltsverzeichnis, Klappentext, Vorwort, Kapitelüberschriften lesen. Ein Kapitel überfliegen.
Q **Question:** Fragen stellen	Was weiß ich schon zum Thema, welche Fragen möchte ich beantwortet wissen, zu welchem übergeordneten Wissensbereich gehört das Thema? Aus Abschnitts- oder Kapitel überschriften Fragen machen: z.B. was bedeutet PQ4R?
R **Read:** Lesen des Textes	Text langsam und aufmerksam lesen, zentrale Begriffe, Wichtiges unterstreichen, die selbstgestellten Fragen beantworten.
R **Reflect:** Nachdenken	Beim Lesen versuchen, den Text zu verstehen, Beispiele ausdenken, mit Vorwissen in Beziehung setzen.
R **Recite:** Wiedergeben der wichtigsten Gedanken	Wichtigste Informationen des Textes selbst formulieren. Eigene Fragen beantworten. Wenn das nicht gelingt, die Textstelle noch einmal lesen.
R **Review:** Überprüfen	Noch einmal gedanklich durchgehen. Wesentliche Punkte erinnern. Kritik, Anwendungen, Querverbindungen. Noch einmal die selbst gestellten Fragen beantworten.

Die PQ4R-Methode wurde von Thomas und Robinson (1972) entwickelt. Die Abkürzung geht auf die englischen Begriffe zurück, die die 6 Phasen der Bearbeitung eines Lehrbuchkapitels kennzeichnen: Preview (Vorschau), Question (Fragen), Read (Lesen), Reflect (Nachdenken), Recite (Wiedergeben), Review (Überprüfen). Die Methode wurde später z. T. durch die Autoren verändert und ergänzt.

Auf den ersten Blick wirkt diese Methode sehr aufwendig. Tatsächlich nimmt sie aber nicht mehr Zeit in Anspruch als das mehrmalige Lesen eines Textes, das viele Studierende praktizieren. Nach einiger Übung gewinnen Sie damit sogar Zeit und können sicher sein, daß Ihre Arbeit effektiv und erfolgreich ist. Die Arbeit nach dieser Methode macht aus dem passiven Rezipienten einen aktiven, mündigen und kritischen Bearbeiter von Texten.

Literatur

Metzig W, Schuster M (1996) Lernen zu lernen. 3. Aufl, Springer, Berlin Heidelberg New York

Sanford EC (1982) Professor Sanford´s Morning Prayer. In: Neisser U (ed) Memory observed. Freeman, San Francisco

Thomas EL, Robinson HA (1972) Improving Reading in Every Class: A Sourcebook for Teachers. Allyn & Bacon, Boston

Persönliche Bekanntschaft zum Prüfer herstellen

Es ist gut, den Prüfer persönlich zu kennen. Wenn sich nämlich eine, wenn auch nur ganz kurze und oberflächliche, Bekanntschaft aufgebaut hat, wird der Umgang menschlicher und die Regeln der Höflichkeit verbindlicher. Man kann es auch anders, biologistischer ausdrücken: Es entsteht eine Beißhemmung.

Es gibt mancherlei Möglichkeiten, persönlichen Kontakt aufzunehmen. Oft haben die Prüfer Sprechstunden, die von den Kandidaten besucht werden. Wenn Sie dann höfliches Interesse für die Arbeiten des Prüfers zeigen, wird sich sicher auch recht leicht ein über nur strikt sachliche Fragen hinausgehendes Gespräch entwickeln. Jeder Prüfer wird doch geschmeichelt sein, wenn man – natürlich gegen Kostenerstattung – um ein mit Widmung versehenes Exemplar seiner Werke bittet.

Wenn es entsprechende Vorbereitungseminare gibt (wie z.B. Examenskolloquien), sollte man diese besuchen. Dort könnte man durch freundliche Beiträge auffallen. Im persönlichen Gespräch können Sie auch Informationen über die Prüfung erhalten, die – da warnen wir ein wenig – nicht immer stimmen müssen. Fragt man, ob es in der Prüfung um Faktenwissen und Details geht, werden viele Prüfer das verneinen. Je nach Prüfungsverlauf steht dann aber doch das Faktenwissen im Vordergrund. Natürlich sollte die grundlegende Literatur mit dem Prüfer abgesprochen werden. Vielleicht können Sie Ihrer Prüfung besonderen Glanz verleihen, wenn Sie darüber hinaus ein Beispiel vertiefen, das Sie mit dem Prüfer in der Sprechstunde vereinbart haben.

Das soziale Netz

Vom Erfolg oder Mißerfolg einer Prüfung sind fast immer mehr Menschen betroffen als der Prüfling selbst. Menschen sind in soziale Beziehungen eingebettet, zu Eltern, Geschwistern, Partnern, anderen Verwandten, Freunden, Kollegen und guten Bekannten. Durch dieses soziale Netz findet der Einzelne seine Identität, seinen Halt im Leben und Unterstützung in schweren Situationen. Indem der Prüfling über seine Sorgen mit anderen spricht, kann er sich selbst etwas von seinem Druck befreien, findet Verständnis für seine Befindlichkeit, erfährt, daß es anderen in solchen Situationen ähnlich geht und bekommt vielleicht nützliche Ratschläge und Tips, wie er sich vorbereiten kann. Die psychische Last der Prüfungssituation kann damit auf mehrere Schultern verteilt werden. Die anderen können auch übertriebene Erwartungen und Befürchtungen korrigieren, indem sie – als weniger Betroffene – auch die Konsequenzen eines möglichen Mißerfolgs realistisch einschätzen und deutlich machen, daß sie den Prüfling unabhängig von Erfolg oder Mißerfolg wertschätzen.

Allerdings möchte man sich natürlich auch keine Blöße geben. Kränkungen in der Erziehung haben dazu geführt, daß man sich den Eltern gegenüber nicht mehr so leicht öffnet. Auch gegenüber Freunden kann es Neidgefühle und Konkurrenz geben. Es muß schon ein Vertrauter sein, dem Sie sich mit Ihrer Angst anvertrauen können.

Neben diesen mehr psychischen Aspekten kann das soziale Netz auch sehr konkrete Hilfen anbieten. Für einen begrenzten Zeitraum sind viele Angehörige und Freunde bereit, dem Prüfling Routinearbeiten wie Einkaufen, Kochen usw. abzunehmen und ihm damit mehr Zeit zu intensiver Vorbereitung zu verschaffen. Sie können ihm helfen, seinen Zeitplan einzuhalten, indem sie ihn vor Störungen durch Telefonanrufe oder Besuche abschirmen und sich selbst so disziplinieren, daß sie ihn nur außerhalb der Vorbereitungstätigkeiten in Anspruch nehmen. Auch unangenehme und belastende Ereignisse und Aufgaben können vom sozialen Netz für eine Zeit lang ferngehalten werden. Für konsequente Vorbereitungsarbeit am Tage können von wichtigen Bezugspersonen schließlich auch Anerkennung und evtl. Belohnungen, z.B. durch einen gemeinsamen Kinobesuch am Abend oder andere angenehme Aktivitäten, bereitgestellt werden.

Rituale der Vorbereitung

Feste Verhaltensschritte, die einer bestimmten – unsicheren – Situation vorausgehen, können Sicherheit geben. Man kann in einer festen Folge sozusagen ein Vorbereitungsritual für eine Prüfung oder einen Vortrag oder ein Bewerbungsgespräch einführen. Zum Beispiel kann man mit einem leichten, aber guten Frühstück beginnen. Am Tag vorher hat man die Kleidung und die mitzunehmenden Gegenstände zurechtgelegt. Man kann vor der Aktivität, nach Möglichkeit in der Nähe des Prüfungsraumes, spazieren gehen.

Wenn man „gut aussieht", ist man auch selbstbewußter und hat weniger Angst. Es kann z.B. auch das Selbstwertgefühl stärken, braun zu sein. Hier kann man mit Cremes oder durch einen Besuch im Solarium nachhelfen. Auch eine neue Frisur verändert den Eindruck und kann sich positiv aufs Selbstgefühl auswirken. Auch solche scheinbaren Nebensächlichkeiten können Teil eines „Vorbereitungsrituals" sein, das Sicherheit schafft. In Prüfungen und bei Vorträgen sollte man nach Möglichkeit situationsangemessen angezogen sein. Bei Prüfungen kann formelle Kleidung gefordert sein, oder es gibt – wie heute meistens – gar keine Vorschriften. Dennoch ist eine Kleidung, die der Bedeutung des Ereignisses gerecht wird, sicher empfehlenswert. Wenn man in ungepflegter Sportkleidung in die Prüfung schlurft, wird möglicherweise der Prüfer den Eindruck haben, daß man die Prüfung nicht ernst nimmt. Allerdings kommt es nicht immer gut an, allzu „sexy" gekleidet zu sein, dies *kann* als Manipulationsversuch gewertet werden, der die Prüfer verstimmt.

Religion

Viele Menschen schöpfen in Belastungssituationen Kraft aus ihren religiösen Bindungen und aus religiösen Ritualen. Aus Psychotherapiegesprächen wissen wir, daß sich nicht nur besonders fromme Menschen vor Prüfungen und anderen schwierigen Situationen auf ihre religiösen Wurzeln besinnen. Ein Gebet in der Kirche hilft, sich zu sammeln und sich auf die kommenden Aufgaben vorzubereiten. Besonders der Rosenkranz, der von Katholiken gebetet wird, kann Beruhigung, Sammlung und Zuversicht unterstützen. Durch das Rosenkranzgebet, allein oder auch besonders in der Gruppe, wird die Angst gebunden, und es kann eine positive Trance entstehen, die stützt und Sicherheit erzeugt. Aber auch andere Gebete, je nach religiöser Tradition, können diesen Effekt haben. Das Gebet in der Gruppe kann diesen Effekt verstärken, indem sich der einzelne von einer Halt gebenden Gemeinschaft getragen fühlt.

Das Gefühl, von höheren Mächten Hilfe und Schutz in schweren Situationen zu erlangen, kann auch durch Rituale, wie das Anzünden einer Kerze, unterstützt werden. Die gleiche Wirkung hat für viele Menschen auch die Darbietung eines Opfers, z.B. indem Geld für gute Zwecke gespendet wird oder auch indem Schwächeren geholfen wird. In der Prüfung selbst wird häufig ein religiöses Symbol, z.B. eine Halskette mit einem Kreuz als Schmuck, getragen. Die Wirkung solcher Symbole verstärkt sich, wenn der Träger eine besondere Beziehung zu seinem Symbol hat, z.B. hat er eine starke religiöse Bindung oder die Kette wurde ihm von einem besonders wichtigen Menschen geschenkt.

Die stärkende und Zuversicht spendende Wirkung religiöser Rituale, der Darbietung von Opfern und des Tragens religiöser Symbole ist in allen Kulturen der Erde bekannt. Dieses über Jahrtausende gewachsene Wissen ist in unserer modernen Welt teilweise in Vergessenheit geraten. Es hat jedoch seine Wirkung für viele Menschen durchaus behalten.

Talismane und Horoskope

Auch der rationale Mensch unserer Zeit hat tief in seinem Herzen Reste eines magischen Denkens bewahrt. An die magische Kraft von Amuletten und Talismanen glauben jedenfalls fast die meisten Menschen, wenn man sich den entsprechenden Gebrauch verschiedenster Gegenstände in Autos oder in Wohnungen über Türen betrachtet. Ja, viele der berühmten Zeitgenossen nahmen solche magischen Angelegenheiten, günstige oder ungünstige Tage, Horoskope usw. sehr ernst. Picasso sagte zwar beispielsweise, er glaube nicht an magische Einwirkungen, beachtete die Vorschriften des Aberglaubens aber streng.

Wir wollen hier nicht dem Aberglauben das Wort reden. Aber seelische Prozesse verlaufen nicht immer rational. Also warum soll man nicht die Möglichkeit nutzen, Glücksbringer und Talismane mit in die Prüfung zu nehmen? Vielleicht handelt es sich dabei um Gegenstände, die schon einmal mit einem Erfolg oder einem sehr glücklichen Ereignis verbunden waren. Vielleicht wollen Sie auf die ausgearbeitete Symbolik der christlichen Religion zurückgreifen, die ja auf einer Unmenge von Talismanen, Glückskärtchen und Plaketten angeboten wird.

Horoskope und die Aussagen von Wahrsagern können das Verhalten und Erleben stark beeinflussen. Indem Sie das Denken und die Aufmerksamkeit bewußt und unbewußt in die Richtung der Voraussage lenken, tragen sie dazu bei, daß sich der vorausgesagte Ausgang eines Ereignisses tatsächlich einstellt. Dies kann sich günstig auswirken, wenn die Voraussage günstig ist. Wird jedoch ein negatives Erlebnis vorausgesagt, kann dies schlimme Auswirkungen haben. Deshalb ist das Lesen von Horoskopen durchaus ein zweischneidiges Schwert. Dies gilt auch für den Besuch von Wahrsagern, es sei denn, diese sind so klug, immer günstige Voraussagen abzugeben.

Auch der aufgeklärte Mensch, der von sich sagt, daß er nicht an die Wirkung von Horoskopen glaubt, ist nicht davor gefeit, sich unbewußt davon beeinflussen zu lassen. In einer wissenschaftlichen Studie (Daber 1990) konnte nachgewiesen werden, daß Menschen, die günstige Horoskope bekamen, die Folgezeit positiv erlebten. Diejenigen, die ungünstige Horoskope erhielten, erlebten sich vergleichsweise unglücklich. Der Effekt trat in gleicher Weise bei Versuchspersonen, die an Horoskope glaubten, und bei denjenigen, die nicht an Horoskope glaubten, auf.

Literatur

Daber B (1990) Psychologische Wirkungen von Horoskopen. Diplomarbeit am Psychologischen Institut der Universität Köln

Kritische Situationen in der Prüfung

Meinungen

In Prüfungen wird man oft nach seiner persönlichen Meinung gefragt, und man sollte diese dann auch sagen, aber die Prüfung ist nicht der richtige Ort, um für eine, seine Ideologie zu kämpfen. Ist der Prüfer – in Bezug auf einen Gegenstand der Prüfung – anderer Meinung, wird er versucht sein, Fakten abzufragen, die seine Sicht stützen. Auf deren Abruf wird er vielleicht nachhaltiger bestehen als bei anderen Informationen, die gerade nicht im Rahmen einer Argumentation von Bedeutung sind.

Es ist also sicher „lebensklug", dem Prüfer nicht aus Freude am Widerspruch zu widersprechen oder als Advocatus diaboli eine abweichende Meinung zu präsentieren. Vielleicht ist es noch am besten, bei einer Frage nach der eigenen Meinung mehrere mögliche Meinungen und Begründungen für diese darzustellen. Wir haben oft erlebt, daß Prüfer strenger werden, wenn man ihrer Meinung (die man ja oft gar nicht kennt) in der Prüfung widerspricht.

Sicher ist es generell nicht wünschenswert, jemandem „nach dem Munde" zu reden. Man sollte aber im Zweifelsfall doch eher zurückhaltend sein.

Initiative ergreifen

Es gibt Prüfer, die gern selber reden, manchmal sogar mehr als die halbe Prüfungszeit. Der Prüfer erlebt das auch als Hilfe für den Kandidaten, dieser gerät aber immer mehr in Sorge darüber, ob er sein Wissen überhaupt vorbringen kann. Das ist für den Kandidaten eine schwierige Situation. Er kann ja nicht unhöflich sein und brüsk unterbrechen, dennoch möchte er sein Wissen loswerden. Hier ist vielleicht die Form eines höflichen Angebots angebracht: „Hierzu könnte ich auch etwas sagen“ oder „Soll ich hierzu einmal weiter Stellung nehmen“ usw.

Eine Anwort nicht wissen

Es gibt nicht „die richtige Verhaltensweise“, wenn man eine Antwort nicht weiß. Wir wollen hier einfach einmal Überlegungen anstellen, welche Möglichkeiten, welche Antwortstrategien man dann hat. Man kann zum einen versuchen, das Thema etwas umzulenken, eine Antwort zu geben, die nur indirekt mit der Frage zusammenhängt. Es kann aber sein, daß der Prüfer dies als Ausweichmanöver bemerkt und auf der richtigen Antwort beharrt, also insgesamt auf die „Nicht-Beantwortung“ einer Frage viel Zeit verwandt wird. Auch wird man eine solche Ausweichstrategie eher wählen, wenn man sich seiner verbalen Fähigkeiten sicher ist, d.h. schnell und einfallsreich formulieren kann.

Sagt man dagegen gleich: „Weiß ich nicht“, hat man die Chance vertan, doch noch irgendwie um die Beantwortung herumzukommen. Das Nichtwissen wird im Protokoll festgehalten.

Eine andere Möglichkeit ist, um eine weitere Erklärung der Frage zu bitten. Dann besteht aber die Gefahr, daß man trotz Erklärung die gesuchte Information nicht findet, also wieder wertvolle Prüfungszeit vergeudet. Ist man sich sicher, daß man auf eine Frage keine Antwort weiß, kann man um eine andere Frage bitten.

Die Aufregung und Aktivierung durch die Prüfung führen aber in der Regel dazu, daß man sich optimal und sozial geschickt verhält. Verlassen Sie sich ganz auf sich selbst, Sie werden überrascht sein, wie elegant Sie die soziale Aufgabe Prüfung erledigen.

Ratschläge für Prüfer

Sicher gibt es Prüfer, denen der Ruf vorauseilt, streng oder unberechenbar zu sein, das erzeugt natürlich Prüfungsangst. Doch die meisten Prüfer wollen ihren Kandidaten helfen, die Prüfung möglichst gut und angstfrei zu schaffen. Nach unserer Beobachtung gelingt dies allerdings mehr oder weniger gut.

Es gibt bestimmte Verhaltensweisen in der Prüfung, die beim Prüfling Angst aufbauen oder vermindern und auf die der Prüfer Einfluß nehmen kann. Manche Dinge sind ganz trivial: eine Stoppuhr, die laut tickt, wirkt nicht gerade beruhigend, dennoch haben wir dies als Beisitzer in Prüfungen erlebt.

Lautes und sehr lautes Reden ist bedrohlich, und gerade unter Prüfern, die oft recht erfolgreiche, aus sich herausgehende Menschen sind, haben wir sehr laute Menschen erlebt. Nach unserer Erfahrung kommen Prüflinge besser zurecht, wenn nicht zu laut oder agitiert geredet wird. Wenn der Prüfer sich selbst kontrolliert und in der Situation entspannt, wird sich dies auf den Prüfling übertragen. Ich denke an einen Professor meiner Fakultät, der nahezu „tief entspannt" in seinem Stuhl sitzt, ruhig und langsam Fragen stellt, aber offensichtlich gleichzeitig geistig hellwach ist. Dieser Prüfer kommt mit ängstlichen Kandidaten ganz besonders gut zurecht.

Den ganzen Menschen sehen und mögen

Der Prüfungskandidat denkt oft, der Prüfer könne die Leistung so bewerten, daß selbst gute Kandidaten schlecht abschneiden. Also ist es für den Kandidaten von größter Wichtigkeit, daß der Prüfer ihm zumindest nicht ablehnend gegenübersteht. So sind unsere Studenten im Vorfeld der Prüfungen auch meist richtig nett und höflich (was natürlich auch ein angemessenes Verhalten zur Reduktion von Prüfungsangst ist). Der Kandidat hofft dann den Prüfer – in der Prüfung – in einer positiven Stimmung anzutreffen.

Der Prüfer wird sich – nach hunderten von Prüfungen – im wesentlichen als gleichmütig gelaunt und immer nach Kräften gerecht erleben, er sieht sich in seinem Prüfungsverhalten also kaum als stimmungsabhängig. Dies entspricht aber oft nicht der Sicht des Prüflings. Dieser achtet nämlich auf Stimmungs- und Sympathie- oder Antipathiezeichen. Zeichen von Sympathie wären schon einmal sehr beruhigend.

Eine unserer Prüfungsvorsitzenden bietet den Prüfern und den Kandidaten zu Beginn der Prüfung oft ein Bonbon an. Das ist eine schöne Geste, die an ähnliche angenehme Situationen erinnert: Wenn man ein Kind mag, bietet man ihm Süßigkeiten an. Mit dem geschätzten Gast teilt man Nahrung. Ob der Kandidat das Bonbon annimmt oder ablehnt, ist nicht ausschlaggebend – auf jeden Fall hat er verstanden, daß da ein Mitmensch ist, der ihm wohl will.

Man kann das machen, sicher ist es kein Ratschlag, der für jede Prüfungssituation paßt. Die ersten Sätze allerdings, die gesprochen werden, sind immer wichtig. Ein Bezug auf die Lage des Kandidaten signalisiert die Bereitschaft zur Rollenübernahme, die Erinnerung an eigene Prüfungssituationen und deren Nöte. Ganz im Sinne der nicht-direktiven Gesprächsführung von Rogers (s. Weinberger, 1984) kann der Prüfer (wertschätzend) die vermutete Gefühlslage des Gegenübers thematisieren: „Nun haben Sie sich lange vorbereitet und sind froh, daß es losgeht, haben aber sicher auch Sorge, ob Sie alles Wissen richtig an den Mann bringen. Nun, gemeinsam werden wir es schaffen.“ Hier folgt auf die Thematisierung der Gefühlslage des Prüflings noch eine Ermutigung.

In dem rein sachlichen Ausschnitt des Prüfungskontextes ist der Kandidat dem Prüfer unterlegen, fürchtet ihn. Ganz allgemein aber als Menschen sind Prüfer und Kandidat gleichberechtigt, gleich wertvoll. Nimmt man einen anderen, also hier den Kandidaten, im breiteren Kontext als Mensch zur Kenntnis und abstrahiert von dem engeren Kontext der Prüfung, zeigt das, daß man sich auf diese Gleichwertigkeit einlassen will. Wenn man sich für das Gegenüber interessiert, signalisiert das aber auch ganz einfach Sympathie.

Manchmal kennt man die Kandidaten ein wenig, kann also kurz etwas Persönliches zu ihnen sagen. Studentinnen und Studenten mit Kleinkindern z.B. sind oft sehr glücklich, wenn sie erkennen können, daß der Prüfer den Spagat, den sie zwischen Kinderbetreuung und Prüfungsvorbereitung machen müssen, zur Kenntnis genommen hat. Wenn man nichts vom Prüfling weiß, kann eine Frage nach der Anreise zur Prüfung, nach eventuellen Berufswünschen des Prüflings, nach Berufserfahrungen oder nach persönlichen Interessenlagen und Motivationen in Zusammenhang mit dem (gewählten) Prüfungsthema auflockernd wirken. Sicher ist es im Sinne einer menschlicheren Gestaltung von Prüfungen und des Studiums allgemein, wenn der Prüfer sich bemüht, seine Kandidaten und ihre Lebenssituation etwas kennenzulernen.

Natürlich hat der Kandidat die ganze Aufmerksamkeit des Prüfers verdient; Aktenstudium oder Telefongespräche während der Prüfung signalisieren dagegen Desinteresse und sind angstverstärkend. Auch Beisitzer und Mitprüfer sollten dem Prüfling ihre Aufmerksamkeit zuwenden.

Literatur

Weinberger S (1984) Klientenzentrierte Gesprächsführung. Beltz, Weinheim

Redeanteile in der Prüfung

Ein sehr zurückhaltender Prüfer, der seine Frage stellt und dann gar nichts mehr sagt, kann sehr angsterzeugend wirken. Er verhält sich nämlich abweisend und distanziert, läßt sich offensichtlich persönlich nicht auf die Prüfung ein. Eine Prüfung ist ja – auch – eine Unterrichtssituation, in der der Prüfling ganz besonders bereit ist, etwas anzunehmen; so kann eine sokratische Fragetechnik, eine kleine Argumentation ganz im Sinne dieser so als Unterweisung verstandenen Prüfung liegen und damit dem Prüfling einen Teil seiner Angst nehmen. Allerdings sind Prüfer, die sehr viel reden – vielleicht den überwiegenden Teil der Prüfungszeit – auch nicht gerade beruhigend. Der Kandidat weiß dann während der Prüfung nicht, wo er steht, ob er genug Zeit hat, sein Wissen zu zeigen; er muß fürchten, daß die Note später ganz willkürlich festgelegt wird.

Also ist es wichtig, einen Mittelweg zwischen den Anforderungen zu finden, den Prüfling nicht in einer künstlichen Prüfungssituation allein zu lassen, und ihm aber auch nicht die Zeit wegzunehmen, in der er sein Wissen zeigen könnte. Nach unserer Erfahrung gibt es wenige Prüfer, die außer Fragen zu stellen fast nichts sagen, aber sehr wohl einige, die mehr als die Hälfte der Prüfungszeit reden.

Ein Weg, die eigene Redezeit zu begrenzen, könnte zum Beispiel sein, kurze Fragen zu stellen. Gerade lange Fragen mit vielen Teilkomponenten verstärken Prüfungsangst, weil sie Anforderungen an den gleichen Kurzzeitspeicher stellen, der von dem Kandidaten doch gerade benötigt wird, um eine Gliederung seines eigenen Wissens aktiv zu halten.

Sehr leichte Fragen

Daß sehr schwere Fragen nicht gerade angetan sind, den Kandidaten zu beruhigen, ist evident. Aber auch ganz leichte, triviale Fragen stören den Prüfungsablauf gelegentlich. Der Prüfling kommt nun nicht auf die richtige Antwort, weil er eine so leichte Frage in der Prüfung nicht erwartet. Auch wenn der Prüfer darum weiß, daß Kandidaten die einfache Antwort schon allein deswegen nicht geben, weil sie eine solche Frage in der Prüfung nicht erwarten, könnte der Kandidat – der ja nicht sehr viel Prüfungserfahrung hat – jetzt befürchten, der Prüfer müsse glauben, er könne nicht einmal einfachste Fragen beantworten.

Immer ist es auch ein schmaler Grat zwischen einer Prüfung, die nur gelerntes Wissen abfragt, und einer Prüfung, die überwiegend eine vertiefende Anwendung dieses Wissens verlangt. Sehr gute Noten vergeben viele Prüfer nur, wenn das Wissen auch geschickt auf andere, neue Fragestellungen übertragen werden kann.

Prüfer sollten aber berücksichtigen, daß Angst den flexiblen Umgang mit dem Wissen erschwert und dem ängstlichen Prüfling erst einmal mit einigen reinen Wissensfragen helfen. Nachdem der Kandidat einige Zeit geredet hat, ist er beruhigt, überhaupt schon einmal Kenntnisse gezeigt zu haben, und kann nun flexibler mit dem Wissen umgehen.

Gibt man ganz zu Beginn der Prüfung die Gelegenheit zu einem kleinen Vortrag, mit dem der Kandidat das Thema einleiten kann, wird der gleiche Effekt erreicht. Der Kandidat sollte allerdings vor der Prüfung wissen, daß er zu Beginn der Prüfung selbst einleitend 3-5 Minuten sprechen kann, und sich darauf entsprechend vorbereiten.

Rückmeldung über die Richtigkeit der Antwort

War eine Antwort richtig, so ist es für den Kandidaten sicher beruhigend, wenn der Prüfer ihm dies auch zu verstehen gibt. Also sollte man das auch tun. War die

Antwort aber falsch, so würde es den Kandidaten nur aufregen, wenn man sagt „falsch“. Manchmal läßt sich das nicht vermeiden, weil die richtige Antwort für den weiteren inhaltlichen Verlauf der Prüfung wichtig ist oder der Prüfer vermutet, daß der Kandidat die richtige Antwort mit seiner Hilfe doch noch findet.

Manchmal kann man in einem solchen Fall aber auch einfach schweigen und zur nächsten Frage übergehen oder aber die benötigte Hilfe geben, ohne explizit festzustellen, daß die Antwort falsch war.

Zu bedenken ist, daß ein solches Vorgehen die Situation für Protokollanten und eventuelle Mitprüfer schwierig macht. Sie wissen nun nicht, was sie in die Protokolle einzutragen haben. Gegebenenfalls müßte diese Verhaltensweise also mit Mitprüfern besprochen sein. Auch besteht die Gefahr, daß die Kandidaten sich später über die Note beschweren, weil sie ja in der Prüfung nicht die Rückmeldung „falsch“ erhielten.

Natürlich gehören abwertende Äußerungen wie „das weiß doch jeder“, „so etwas habe ich ja noch nie erlebt“ usw. nicht in die Prüfung. Dennoch kommt es hin und wieder dazu. In diesem Fall sind auch Beisitzer und Mitprüfer gefordert, dem Prüfer eine Rückmeldung zu geben, denn gerade solche Äußerungen müssen Angst ja verstärken, weil man nun annehmen muß, abgelehnt zu werden.

Prüfungsblocks

Wie wir schon in dem Abschnitt über Prüfungen, der sich an den Kandidaten wendet, gesagt haben: Angst-Blockaden in Prüfungen sind extrem selten. Wenn ein Kandidat dazu neigt, dann weiß er das meist, weil die Situation auch schon in vorherigen Prüfungen auftrat, und hat allein deswegen – berechtigterweise – noch mehr Angst. Wenn man eine Prüfungssituation nun rein formal auffaßt, hat der Kandidat in einem solchen Fall keine Antworten auf die Fragen gegeben und müßte eine entsprechend schlechte Note bekommen.

Vielleicht wäre es eine gute Neuerung, dann die Diagnose „Prüfungsblock" zu notieren, um dem Kandidaten nach einer therapeutischen Beratung die Chance zu einer Wiederholung der Prüfung zu geben. Vielleicht können auch die Prüfungsordnungen und Gesetzeslagen einmal entsprechend verändert und der Vielfalt des wirklichen Lebens angepaßt werden.

In den wenigen Fällen, in denen solche Blockaden auftraten, half es manchmal, etwas abzuwarten, den Kandidaten eine halbe Stunde spazierengehen zu lassen und dann noch einmal zu beginnen. Ich hatte allerdings immer den Eindruck, daß die Angst dann immer noch sehr hinderlich war und der Kandidat, wenn seine Aufregung sich im Rahmen gehalten hätte, eine bessere Note erzielt hätte.

Probeprüfung

Man kann – im Rahmen von Examenskolloquien – Probeprüfungen anbieten: Das erhöht die Berechenbarkeit der Situation und gibt dem Prüfling eine Rückmeldung über seinen Vorbereitungsstand. Wenn dies in Gruppen stattfindet, haben die Studenten auch einen Eindruck von der Vorbereitung der Mitprüflinge. Die Studenten haben durch die Probeprüfung eine Vorstellung davon, wie die Prüfung ablaufen wird. Vor Situationen, die man einschätzen kann, die man sich vorstellen kann, hat man wesentlich weniger Angst. Angstreduzierend wirkt eine Probeprüfung natürlich nur dann, wenn der Prüfer sich wohlwollend verhält. Er kann dies deutlich machen, indem er die vorhandenen Kenntnisse des Prüflings positiv kommentiert.

Tips für Vorträge

Vorträge und Prüfungen sind ziemlich ähnliche Situationen. In beiden Situationen muß man sich einer Bewertung stellen, die sich auf ein eigenes geistiges Produkt bezieht. Vorträge können das Lebensschicksal genauso beeinflussen wie Prüfungen, ja, sie können auch Element einer Prüfung sein, oft sind Vorträge allerdings weniger folgenreich.

Im folgenden finden Sie Überlegungen, die speziell auf die Situation und Anforderungen des Vortrages ausgerichtet sind. Vieles, was wir vorschlagen, ergibt sich aus der jahrelangen Betreuung von Studenten, die in Seminaren Vorträge halten, manches haben wir durch unsere psychotherapeutische Erfahrung entwickelt. Die Literatur zu diesem Thema ist oft nicht so speziell auf Angstsituationen ausgerichtet, so daß wir hier nicht auf erarbeitete Grundlagen zurückgreifen konnten.

Selbst milde bewerten

Eine Art präventiver Schutz gegen schlechte Bewertungen könnte es sein, andere auch schlecht zu bewerten, auch bei anderen die Fehler aufzuzeigen. Manchmal kann man das beobachten: Menschen, die selbst große Angst vor Abwertungen haben, äußern sich über ihre soziale Umwelt besonders kritisch und abwertend. So haben – wie sie ja auch selbst glauben – nicht nur sie selbst Fehler, sondern die anderen haben – wie sie aufzeigen können – auch Fehler.

Nun hat dieses Verhalten bzw. diese Art zu denken dann in der Folge eine wenig gewünschte Nebenwirkung. Wenn man sich daran gewöhnt hat, die Leistungen der Mitmenschen streng zu bewerten, wird man mit der Zeit glauben, daß eben die Mitmenschen ihrerseits auch die anderen streng bewerten. Also sieht man sich von streng und ungerecht urteilenden, negativ gestimmten Mitmenschen umgeben, vor deren Abwertungen man nun berechtigt Angst haben muß.

Eine Methode, diesen Teufelskreis von präventiver Abwertung und daraus folgender Kritikfurcht zu unterbrechen, ist ganz einfach, sich anzugewöhnen, über die Leistungen der Mitmenschen positiv zu denken. Zuerst wird einem – wie man es sich angewöhnt hat – eine Kritik einfallen, aber im zweiten bewußten Gedanken sollte man einmal das Positive würdigen: Hier ist besonders an alle Prüfer zu denken: was haben sie Positives geleistet! Wenn man sich die Lebensleistungen, z.B. die Veröffentlichungen des Prüfers, einmal anschaut und bewundern kann, entspannt sich im Inneren des Kandidaten die Stimmung gegenüber dem Prüfer und natürlich auch gegenüber der Prüfung.

Weil sich so ein „neues Denken" nicht sogleich automatisiert, ist es vielleicht nützlich, es absichtlich in einem ruhigen Moment in anderen sozialen Bereichen zu üben: Was wäre an den Mitgliedern der Familie zu loben, was an den Mitstudenten, was an Freunden und Bekannten? Sei es nur die Energie, die jemand auf eine Sache verwendet, daß er sich überhaupt für etwas einsetzt, es gibt immer etwas Lobenswertes an den Mitmenschen. Beenden Sie diese Aufgabe nicht, bevor Sie nicht bei jeder der ins Auge gefaßten Gruppe etwas Lobenswertes gefunden haben.

Mit der Zeit wird die Erwartung wachsen, auch von anderen gerecht und gleichzeitig milde beurteilt zu werden. Man kann in dieser Richtung, in dieser Sichtweise noch weiter gehen: Bert Hellinger sagt in einem seiner Kurse:

„Wenn man Angst vor Menschen in einer Gruppe hat, dann besteht die Überwindung der Angst darin, daß man die anderen liebt. Ich spüre Angst nur, weil ich merke, ich liebe zu wenig, und ich würdige zu wenig. Sobald ich mich entschließe, daß ich die anwesenden Personen würdige, auch wenn sie anders sind, brauche ich keine Angst mehr zu haben“ (Weber 1993, S. 187).

Erstellen einer Gliederung

Angst wird natürlich auch reduziert, wenn der Vortrag sachlich und didaktisch gut gegliedert vorliegt. Dazu gehören einige Vorarbeiten, wie die genaue Formulierung des Themas, die Festlegung des Ziels (z.B. Wissen vermitteln, ein Projekt vorstellen, Ergebnisse der eigenen Arbeit präsentieren usw.), Informationen über Positionen, Vorwissen und Interessen der Hörer einzuholen, die notwendigen Informationen für den Vortrag beschaffen (aus Büchern, Zeitschriften, statistischen Jahrbüchern, sonstigen Informationsquellen).

Dann kann mit der Erstellung einer Gliederung begonnen werden. Die klare Gliederung leitet den Gedankengang des Vortragenden und gibt ihm dadurch Sicherheit. Die Zuhörer können besser folgen, sie sind aufmerksam und dankbar, daß der Vortragende ihnen die Informationsaufnahme erleichtert. Dadurch entsteht eine positive Atmosphäre, die der Redner spürt und die ihn sicherer werden läßt.

Der Grundstein für einen guten Vortrag wird also bereits bei der Erstellung einer Gliederung gelegt. Deshalb geben wir Ihnen eine Hilfe zur Erstellen einer Gliederung. Der Vorgang wird dabei in relativ kleine Teilschritte zerlegt. Damit soll gleichzeitig demonstriert werden, daß das Zerlegen einer komplexeren Aufgabe in kleinere Schritte die Arbeit häufig erleichtert und zum Erfolg führt.

Für viele Vorträge läßt sich ein Gliederungsgrundschema verwenden. Das Schema muß also einerseits helfen, die Arbeit in sinnvolle kleine Schritte einzuteilen; zugleich muß es leicht abwandelbar und damit an spezielle Anforderungen eines Vortrags anzupassen sein. Das Schema, das wir Ihnen vorstellen, orientiert sich an einem Gliederungsvorschlag des Microsoft-Präsentationsprogramms „Powerpoint".

- Formulieren Sie das Thema des Vortrags
- Legen Sie das Ziel des Vortrags fest (wer soll was, wie, wo, warum lernen oder tun?).
- Zählen Sie die Hauptgedanken auf (in diesem Beispiel gibt es 3 Hauptgedanken).
- Stellen Sie den 1. Hauptgedanken dar (Informationen, Beispiel, Bezug zu Ihren Zuhörern).
- Stellen Sie den 2. Hauptgedanken dar (Informationen, Beispiel, Bezug zu Ihren Zuhörern).
- Stellen Sie den 3. Hauptgedanken dar (Informationen; Beispiel; Bezug zu Ihren Zuhörern).
- Geben Sie Beispiele für Anwendungen der Gedanken 1, 2 und 3 in der Praxis.
- Fassen Sie die wichtigsten Aspekte (Grundbegriffe), die Ihre Hörer behalten sollen, zusammen.
- Geben Sie eine eigene Stellungnahme (Bewertung) ab.

Die konkrete Umsetzung der einzelnen Schritte können Sie so gestalten, daß Sie zu jedem Schritt zunächst Ideen sammeln. Schreiben Sie jede Idee, die Ihnen in den Kopf kommt, auf eine einzelne Karte. Wenn Sie zu allen Punkten möglichst viele Ideen auf Karten notiert haben, können Sie beginnen auszuwählen, welche Ihrer Ideen Sie für den Vortrag verwenden wollen und welche Sie zunächst zurückstellen. Sie können die Karten dann verschieden sortieren, um zu sehen, welcher Gedanke an welche Stelle paßt und welche Ideen zusammengehören. Einfälle, die Sie erst später haben, können Sie auf diese Weise noch leicht hinzufügen.

Mithilfe von Karteikarten können Sie später leicht Ihren Vortrag halten.

Die kognitive Belastung beim Vortrag verringern

Beim Vortrag hat man den Stoff im Kopf, ist aber auch noch von seiner eigenen Angst abgelenkt, so daß leicht eine kognitive Überbelastung entsteht.

Durch eine geeignete Vorbereitung kann man die kognitive Belastung während des Vortrages aber ein gutes Stück reduzieren.

Zur Stütze der Erinnerung hat man beim Vortrag in aller Regel ein Manuskript oder eben eine Sammlung von Stichworten dabei. Diese Vorlage kann höhere oder weniger hohe Anforderungen an die Informationsverarbeitung stellen:

Ablesen von einem Manuskript

Ein eng beschriebenes DIN A4 Blatt eignet sich nicht gut zum Ablesen. Es ist gut, wenn zwischen Sinnabschnitten Leerzeilen sind und wenn die Schrift groß ist. Namen und wichtige Begriffe sollten farbig markiert werden, um die Orientierung auf der Seite zu erleichtern. Stellen, die besonders betont werden sollen, können auch in einer Farbe markiert sein.

Eine besondere Schwierigkeit ist es, nach einem Aufblicken zum Publikum wieder genau die Stelle des Manuskriptes zu finden, die man gerade vorgetragen hat. Wenn man ganz sicher sein will, kann man das Aufblicken einplanen und die jeweiligen Wiedereinstiege auf dem Papier farbig markieren.

Vortragen nach einer Stichwortliste

Oft ist es günstiger, frei, also nicht nach einem fest formulierten Manuskript, vorzutragen: dann wird man eine Stichwortliste bei sich haben. Vielleicht ist eine solche Liste aber so unübersichtlich, daß man in der Aufregung des Vortrages gar nicht mehr weiß, wo man steht. Hat man aber die Stelle für den Moment aus den Augen verloren, kommt es zu unangenehmen Stockungen, die dem Publikum auffallen und die dadurch die Angst nur noch steigern. Daher:

- Auf jedes Blatt nur wenige Stichworte schreiben, günstig sind hier auch Karteikarten, die man vom Pult zur Tafel oder zu Projektionsgeräten mitnehmen kann. Weil sie etwas fester sind, kann man sie an jeder Stelle, die man als Vortragender einnehmen möchte, in der Hand halten und davon ablesen. Wenn so wenige Worte auf der Karte stehen, daß man alle Worte gleichzeitig im Kurzzeitgedächtnis aufnehmen kann (etwa 7 Sachverhalte bzw. Eintragungen), behält man leicht die Orientierung.
- Die verschiedenen Blätter oder Karteikarten deutlich sichtbar numerieren. Gut ist es, wenn die Numerierung den Gliederungspunkten des Vortrags folgt, damit nicht zwei Gliederungen zu beachten sind.
- Stichworte groß und gut lesbar schreiben.
- Für die Hörer ist es entlastend, wenn sie die Gliederung des Vortrages auf Folien (mit dem Overheadprojektor projizierte Vorlagen) verfolgen können. (Solche Folien kann man ganz leicht auf fast allen Fotokopierern von einer Papiervorlage

herstellen.) Aber auch dem Vortragenden hilft es: er kann sich auch an dieser Großgliederung orientieren und braucht so weniger auf die vorbereiteten Karteikarten zu blicken. Natürlich sollte der Vortragende seine Folien auch als Manuskript vor sich liegen haben, um nicht immer zur Projektionswand blicken zu müssen und den Kontakt zu den Zuhörern nicht zu verlieren.

Freier Vortrag ohne jedes Manuskript

Möchte man ganz ohne Stichworte frei vortragen, kann man sich einer speziellen Gedächtnistechnik bedienen. Es handelt sich um die sog. Loci-Technik. Die Stichworte, die man sich merken möchte, werden mit den Orten eines gut bekannten Weges verknüpft. Schreitet man nun den Weg in Gedanken ab, fallen automatisch und leicht die Stichworte wieder ein (vgl. eine ausführlichere Beschreibung in unserem Buch „Lernen zu lernen"). Dieses Vorgehen muß aber vor dem Vortrag geprobt werden.

Irrationale Gedanken beim Vortrag bewußt machen

Wie immer bei Angst, so können sich auch in Ängste vor dem Vortrag oder vor dem Bewerbungsgespräch irrationale Ängste mischen.

Oft sind es autoritäre strenge und übermäßig leistungsfordernde Eltern, die den Keim für Bewertungsängste legen. Die Autoritäten, die nun den Vortrag hören oder über die Bewerbung entscheiden, werden in der Phantasie leicht mit den Eltern vermischt, ja verwechselt: Die irrationale Phantasie malt dann aus, daß die Prüfer so ungerecht, so wenig zu beeindrucken, so übellaunig sein werden wie die Eltern und sieht nun keine Chance für das kleine schwache Ich mehr.

Hier gilt es, Unterschiede zu machen. Wie haben die Eltern reagiert, wie wird dagegen das Publikum reagieren:

- Im Publikum sitzen Menschen mit „Rollenübernahme“, die auch vortragen und die sich in die Sorgen des Vortragenden eindenken können.
- Das Publikum freut sich, daß es sich entspannen kann und ist dem Vortragenden, der jetzt für alle arbeitet, dankbar.
- Man möchte ein positives Erlebnis haben, wird daher eher das Positive betonen.
- Sicher, es gibt immer einige Zuhörer, die ihre Autoritätsprobleme mit einem Vortragenden abarbeiten wollen. Von ihnen kann es also auch zu unangenehmer und persönlicher Kritik kommen. Das sind aber einzelne Teilnehmer, die meist gleichzeitig vom ganzen Rest des Auditoriums abgelehnt werden. Der ängstliche Vortragende könnte denken, ihre Kritik werde nun von allen unterstützt. Zum einen ist das nicht unbedingt der Fall, zum anderen ist es dann eben Ihre Aufgabe, sich die Achtung der Mehrheit zu erhalten. Wenn Sie in einem solchen Moment umsichtig und sachlich reagieren, gewinnen Sie bei fast allen Zuhörern Pluspunkte.

Sie können versuchen, sich diese Sachverhalte durch Autosuggestionen zu verinnerlichen, die Sie vor dem Vortrag wiederholen, z.B.:

- „Ich trage wie vor Geschwistern vor.“
- „Man möchte mich gut finden.“
- „Alle sind für meine Leistung und meine Arbeit dankbar.“

Beim Vortrag lenkt man die Aufmerksamkeit aller auf sich: es wird Urteile geben, Sympathie und Antipathie stehen bei einem ersten Urteil (man spricht ja auch vom ersten Eindruck) in Sekundenschnelle fest. Nun können andere Erfahrungen mit sozialen Kontakten hochkommen: welchen Erfolg hatte man im Leben mit Freunden, beim anderen Geschlecht? Gab es Hänseleien in der Schule, die damit zusammenhingen, daß man zu dick war, zu schlank war, zu groß war oder zu klein war? Solche Erfahrungen des Abgelehntwerdens werden durch die Situation des Vortragens aktualisiert. Tatsächlich geht es aber nicht darum, Freunde zu gewinnen oder die Liebe des (gegengeschlechtlichen) Publikums zu erwecken. Es geht um eine sachliche Kommunikation. Auch das sollte in Gedanken, möglichst durch Autosuggestionen, getrennt werden, z.B.:

- „Ich habe nur die Aufgabe, einen Sachverhalt mitzuteilen."
- „Den Teilnehmern ist meine Person gleichgültig."
- „Das Publikum ist eine Gruppe, meine Freunde sind eine andere Gruppe."

Angst vor dem Auffallen der Angst

In sozialen Situationen, bei Vorträgen und Vorstellungsgesprächen ist es unangenehm, wenn Angst auffällt. Leider gibt es eben viele Merkmale der Angst, wie eine leise Stimme, zittern, Schwitzen usw., die den Sozialpartnern auffallen. Zunächst mag es angehen, aber dann wird z.B. das Schwitzen immer schlimmer, das Zittern wird entdeckt und man ist „blamiert".

Es kann gerade diese Blamage sein, vor der Menschen Angst haben. Wenn Sie im Laufe einer Interaktion an sich Zeichen der Angst bemerken und wissen, nun bemerken es auch die anderen, werden Sie immer nervöser, immer beeinträchtigter.

Beispiel

Eine Studentin hatte Angst davor, vor Nervosität nicht mehr sprechen zu können. Alle würden dann ihre große Angst bemerken, das wäre schrecklich. Wir haben überlegt, was zu tun ist. Wir wußten, es könnte sein, daß sie nicht mehr in der Lage sein würde zu sprechen, dann wäre die Katastrophe da, und sie würde in Zukunft noch mehr Angst vor Vortragssituationen haben. Sie selbst kam dann auf die Idee, einen möglichen Abbruch des Vortrags anders zu begründen: Sie könnte zu Beginn sagen, sie sei recht erkältet, manchmal versage ihre Stimme. Wenn das im Laufe des Vortrages passieren werde, müsse sie den Vortrag abbrechen.
Beim Vortrag staunte sie: mit dieser Möglichkeit im Hinterkopf, den Vortrag, ohne sich zu blamieren, frühzeitig abzubrechen, hatte sie tatsächlich keine Angst mehr vor der Blamage und konnte locker und mit Engagement vortragen. Sie war wie befreit.

Aus diesem Erfolg kann man lernen. Nicht immer wird diese „Ausrede" helfen. Es kann aber bereits helfen, zu Beginn zu sagen, man sei nervös und bittet, dies zu entschuldigen. Wenn dann erste Zeichen von Nervosität auftreten, ist dies ja schon „bekannt" und erzeugt keinen weiteren Streß. Die Ankündigung kann durchaus auch höflich sein und dem Ansehen des Vortragenden dienen: er kann z.B. sagen, daß er so viel Fachkompetenz im Publikum vermutet, daß er es besonders gut machen möchte und sicher etwas nervös sein wird. Nicht immer geht das, aber es ist eine Möglichkeit, Angst vor der Entdekkung der Angst zu vermeiden.

Manchmal ist man sich auch recht unsicher bei dem Gedanken, daß Angstzeichen zu bemerken sind: In Wirklichkeit fühlt man sich innerlich oft recht ängstlich, aber andere bemerken es noch nicht, oder oft sind die anderen auch so sehr mit sich selbst beschäftigt, daß sie kleinere Angstzeichen übersehen: Daher kann es nützlich sein, von Vorträgen oder anderen kritischen sozialen Situationen einmal eine eigene Videoaufnahme zu machen. Man ist überrascht, wie wenig die innerlich stark gefühlte Angst auffällt.

Beispiel

Dr. R. war Mathematiker. Er war sehr kompetent, aber ängstlich. Als er sich auf eine Lehrerstelle bewarb, haben wir seinen Bewerbungsvortrag auf Video aufgenommen. Schon beim „Probevortrag" in der Therapiestunde, empfand er starke Angst und war dann ganz überrascht, daß man das „von außen" kaum merkte. So ging er beruhigt und zuversichtlich in seinen Bewerbungsvortrag, der auch gut glückte.

Sich auf einen Vortrag vorbereiten

Sicherheit reduziert die Angst. Einen guten Teil Sicherheit können Sie sich verschaffen, wenn Sie die kritische Leistung, also hier den Vortrag, einmal proben (man kann mit einer Freundin, einem Freund auch mal ein Bewerbungsgespräch proben). Dann weiß man z.B. schon einmal, ob man genug Stoff hat, um für die vorgesehene Dauer zu reden. Und man gewinnt schon einmal Erfahrung damit, so lange durchgehend zu reden. Man kann das Redetempo und die Lautstärke einmal überprüfen (ängstliche Menschen reden zu schnell und zu leise). Allein bei dem Probevortrag laut und langsam zu reden ist schon ein Angstkiller: das sind Reaktionen, die mit der Angst unvereinbar sind und also die Angst ausschalten.

Und man erhöht die Übung: damit ist es wahrscheinlicher, daß Ihnen zu den Stichworten, die Sie sich notiert haben, auch die richtigen Sätze einfallen. Interessanterweise bemerke ich bei meinen Probevorträgen selbst oft erst, daß eine Passage, die in der schriftlichen Vorbereitung einleuchtend war, nun – gesprochen – nicht mehr so schlüssig klingt, und verändere die Argumentation oder die Formulierung.

Ich finde es nützlich, mich bei einer solchen Übung auf ein Videoband aufzunehmen und den eigene Vortrag dann gleich noch einmal anzuschauen. So nimmt man die Position des Zuhörers ein, und das Fehlen von Begründungen oder Belegen oder auch eventuelle Widersprüche fallen rechtzeitig auf. Es ist gut, sich für die Videoaufnahme möglichst genauso anzuziehen wie im kommenden Vortrag. So gewöhnt man sich optimal an die kommende Situation. Sich die Videoaufnahme anzusehen beruhigt auch: man sieht sich ruhig reden, kann die Wirkung des Vortrages gut einschätzen. Man kann beurteilen, ob die Kleidung zu der Situation paßt.

Zur Kleidung wäre manches zu bemerken, aber sicher ist es günstig und angstmindernd, sich „angepaßt" zu kleiden. Das Gewand des kleinen „Revolutionärs" wird gleichzeitig geheime Ängste schüren, die beurteilenden Autoritäten könnten mit Strafen reagieren.

Zeigen Sie das Videoband Ihrem Partner oder Freunden, und bitten Sie um Rückmeldung. Wenn Kritik kommt, haben Sie die Chance, noch etwas zu verbessern, wenn es bei den anderen Personen so, wie es ist, gut ankommt, dann können Sie sich schon ziemlich sicher sein, daß es auch bei Ihrem Publikum ankommt.

Auch bei den Probevorträgen kommt – gerade bei Menschen, die Angst vor Vorträgen haben – immer schon etwas Angst auf. Manchmal ist die Angst sogar bei dem Probevortrag schon beträchtlich. Das ist gut. Denn dann hat man auch schon gelernt, mit der Angst umzugehen. Gleichzeitig kann man sich beim Betrachten des Bandes die Frage stellen: Wieweit sieht man die bereits vorhandene Angst? Es ist dabei in den allermeisten Fällen außerordentlich beruhigend, festzustellen, daß ein starke innere Angst äußerlich kaum sichtbar wird.

Bei dieser Art Video-Probevortrag stelle ich mir manchmal je nach der Art des Vortrages noch besondere Aufgaben: ich möchte besonders nett, besonders entschlossen oder einfach nur sachlich wirken (Sie können auch einmal ein Modell nachahmen und versuchen, es genau so zu machen, wie dieser oder jener sehr kompetente Freund es machen würde). In der entspannten Situation des Videovortrages hat man die Freiheit, einmal etwas auszuprobieren.

Tips für das Sprechen in Gruppen

Oft muß man in Gruppen sprechen, ohne daß man einen vorbereiteten Vortrag hält und auch ohne ganz genau zu wissen, was man sagen wird, z.B. auf dem Elternsprechtag, der Eigentümerversammlung oder in der Sitzung des Vereins. Jeder kommt im Leben immer wieder in solche Situationen. Man kann es zwar ganz gut vermeiden, Vorträge zu halten, vor Gruppen zu sprechen kann man aber kaum vermeiden. Für viele Menschen ist dies aber eine sehr angstbesetzte Situation, der sie mit größter Sorge entgegensehen. Mancher kann seine Interessen allein deshalb nicht durchsetzen, weil er es nicht schafft, in Gruppen das Wort zu ergreifen.

Vieles von dem, was bisher empfohlen wurde, läßt sich auch beim Sprechen vor Gruppen verwenden. Wir empfehlen Ihnen wieder, aus der Vielzahl möglicher Vorgehensweisen einmal etwas zu probieren, was Ihnen in Ihrer Situation machbar scheint. Es gibt aber auch einige allgemeine Vorschläge, die speziell das freie Sprechen vor Gruppen betreffen.

Spontan formulieren

Sicher können Sie im Freundeskreis leicht und frei sprechen. So sollte es auch in der fremden Gruppe klappen. Also sollten Sie es auch so ähnlich machen wie im Kreis von Freunden, Bekannten und Verwandten: spontan sprechen und nicht im Kopf vorformulieren, was Sie gleich sagen werden. Dann versuchen Sie nämlich sich an Ihre – vorgedachten – Formulierungen zu erinnern, verheddern sich und machen eine schlechte Erfahrung, die die Angst verstärkt. Bilden Sie also Ihre Formulierungen im Moment des Sprechens.

Aber: schreiben Sie vorher in Stichworten auf, was Sie auf jeden Fall sagen möchten. Das Gefühl von Aufgeregtsein, das beim Sprechen vor einer Gruppe aufkommen kann, beansprucht die geistigen Fähigkeiten. Es passiert leicht, daß man etwas Wichtiges, was noch gesagt werden sollte, vergißt. Es hilft also, auf einem Blatt Papier schnell zwei drei Stichworte aufzuschreiben, damit man beim Reden nichts Wichtiges vergißt.

Sich nicht unterbrechen lassen und laut reden

Wer ängstlich und unsicher ist, spricht oft leise. Daher wird er nicht überall im Raum gehört, übertönt aber auch nicht Zwischenrufe und weckt so bei den Anwesenden die Versuchung, ihn zu unterbrechen. Da der ängstliche Redner leicht zu übertönen ist, gibt er aufgrund seiner Redeangst das Wort auch von sich aus leicht wieder ab. Das ist aber auch ein Vermeidungsverhalten, das insgesamt die Angst in solchen Situationen verschlimmert. Es ist nicht leicht, wenn man Angst hat, laut zu sprechen, aber versuchen Sie Ihr Bestes. Stellen Sie sich vor, Sie müßten das Rauschen des Meeres übertönen, wie es seinerzeit Demosthenes tat, als er seine Fähigkeit, vor Gruppen zu reden, einübte. (Tatsächlich ist es keine schlechte Übung, zu Hause einmal ein laut gestelltes Radio zu übertönen). Kommen Sie ruhig auf ein Thema noch einmal zurück: „Und dazu wollte ich noch sagen ...“, „Lassen Sie mich noch ausführen ...“.

Langsam reden

Wer ängstlich ist, hat zwei Gründe, schnell zu reden:

- Er weiß schon, daß man ihn leicht unterbricht; um das zu verhindern, will er keine Pause machen.
- Dann ist er schneller mit der angsterzeugenden Situation fertig.

Das schnelle Reden führt aber dazu, daß die Zuhörer nicht folgen können, nicht gefesselt sind und laut und unruhig werden oder die Rede des schnellen Sprechers unterbrechen. Daher sollte man z.B. darauf achten, zwischen Sätzen und zwischen Wörtern eine Pause einzulegen. Wenn ich meinen ängstlichen Studenten, die ein Referat halten, vorschlage, langsamer zu reden, können sie das meist nicht. Wenn ich ihnen dagegen vorschlage, zwischen den Sätzen jeweils eine kleine Atempause einzulegen, dann werden sie gleich langsamer. Das Reden fällt ihnen nun viel leichter, weil sie jetzt richtig atmen und genügend Luft bekommen.

Die anderen Gruppenteilnehmer anschauen

Zu dem Fluchtverhalten des ängstlichen Sprechers, zu dem schnelles Reden und leises Reden gehören, kann noch hinzukommen, daß er sich nicht traut, in die Runde zu schauen. Wenn aber der Redner nur vor sich blickt, macht er einen unsicheren Eindruck und verliert schnell die Aufmerksamkeit seiner Zuhörer. Daher ist es wichtig, die zuhörenden Personen anzublicken, ohne natürlich eine Person dauerhaft zu fixieren. Sie können aber auch auf die Kleidung der Zuhörer blicken, so genau kann eine Blickrichtung nicht ausgemacht werden. Von Kant wurde die Episode erzählt, daß er in der Vorlesung immer einen bestimmten Knopf eines Studenten fixierte. Als dieser Knopf einmal fehlte, war er irritiert.

Freundlich sein

Der Ängstliche überwindet seine Angst dann leichter, wenn er etwas ganz Wichtiges sagen will und schon etwas wütend ist (die Wut überwindet dann die Angst). Gerade in Gruppen diskutiert man ja im Fall einer Kontroverse nicht nur mit einem Kontrahenten, sondern mit vielen in ihrer Position noch ganz unentschlossenen Teilnehmern. Die leiden unter der Wut und Erregung eines Vortragenden. Sie gewinnen die Zuhörer leichter für Ihre Meinung, wenn Sie es schaffen, auch dann, wenn Sie etwas ganz Wichtiges vortragen wollen, freundlich zu bleiben. Auch Fragen an Sie oder Beiträge sollten Sie so freundlich wie möglich aufnehmen. Ansonsten werden Fragen und Beiträge ausbleiben, oder die Anwesenden werden ihrerseits Wut bekommen.

Wenn es auch in schwieriger Situation gelingt, freundlich zu bleiben, ist das immer ein Erfolg. Sie wissen sicher selbst, wie leicht jemand „sein Gesicht verliert“, der in einer Situation unangebracht erregt war. Hier können viele unserer Politiker Vorbild sein: Beobachten Sie einmal, wie freundlich sie täglich mit den oft ausgesprochen provozierenden Fragen von Journalisten umgehen. Sie wissen genau: wenn sie ärgerlich reagieren, verlieren sie die Sympathie der Zuschauer bzw. der Wähler.

Zu Beginn etwas sagen

In Gruppen sind die Rollen überraschend schnell verteilt. Wer etwas zu sagen hat und wer nichts zu sagen hat, steht dann fest. Dem Ängstlichen, der lange nichts sagt, hört dann später auch niemand mehr besonders zu. Man erwartet ja nicht, daß er etwas sagt. Wenn Sie also in einer Gruppe mitreden wollen, dann sagen Sie ziemlich zu Beginn des Treffens etwas. Es darf ruhig etwas Belangloses sein oder auch nur ein Zwischenruf oder eine Bestätigung eines anderen Redners.

Das hat auch noch einen anderen Vorteil. Gerade der erste Redebeitrag ist besonders schwierig. Dann lenkt man die Aufmerksamkeit der Gruppe auf sich und Beurteilungsprozesse, vor denen man ja Angst hat, laufen ab. Ist der erste Eindruck bei den anderen Teilnehmern erst mal gebildet, spricht es sich viel leichter, man ist ja nun beurteilt und steckt – im Guten oder Schlechtem – in einem Kästchen. Man kann sich danach viel besser auf die Inhalte des eigenen Beitrages konzentrieren.

Gestik beachten

Es gibt eine Gestik, die die Rede unterstützt, und eine Gestik der Verlegenheit. Sich den Kopf kratzen, nervös mit dem Fuß wippen, die Hand vor den Mund halten, all das sind Gesten der Verlegenheit, die eine Angst sichtbar machen. Eine solche Gestik entsteht automatisch. Man kann sich gar nicht so leicht vornehmen, eine expressive (erklärende) Gestik zu zeigen, wenn man im Inneren in Wirklichkeit recht ängstlich ist. Andererseits mindert aber die Verlegenheitsgestik die Wirkung Ihres Beitrages. Beim Reden die Arme vor der Brust zu verschränken oder die Hände in den Hosentaschen zu haben sind auch in gewissem Sinne Flucht- und Ausweichgesten. Eine Methode, zumindest die Verlegenheitsgestik zu unterdrücken, ist, die Hände ruhig vor sich auf den Tisch (oder die Knie) zu legen.

Wirtschaftsführer üben es z.B. vor Fernsehauftritten, die Hände ruhig zu halten. Auch Sie können vor einem wichtigen Auftritt in einer Gruppe einmal eine Position einüben, in der Sie Hände und Füße ruhig halten können. Wenn Sie eine ruhige Position für die Hände gefunden haben, müssen Sie auch nicht befürchten, daß ein Zittern bemerkt wird. Insgesamt ist eine „offene", auf den Hörer gerichtete Körpersprache günstig. Wer sich weiter dazu informieren will, kann das bekannte Werk von Molcho „Körpersprache" studieren.

Literatur

Molcho S (1983) Körpersprache. Mosaik, München

Auch unglücklich begonnene Sätze zu Ende bringen

Vielleicht haben Sie beim Sprechen in einer Gruppe einmal einen Satz begonnen und merkten: er geht nicht glatt zu Ende. So wie der Satz auslaufen sollte, geht es nicht. Ich will ein Beispiel geben. Sie wollen sagen: „Bei den Kosten, die eine neue Haustür verursacht, bin ich eher für einen Neuanstrich der alten Tür". Vielleicht haben Sie nun, ohne weiter nachzudenken, begonnen: „Bei den Kosten der neuen Haustür ..." und ein Fortfahren mit: „ ... bin ich eher für einen Neuanstrich“ würde keinen besonders eindeutigen Satz ergeben. (Sie hätten statt dessen beginnen müssen mit: „Bei den hohen Kosten der neuen Haustür bin ich ...“) Da die Bedeutung Ihrer Worte Ihnen jetzt selbst nicht logisch erscheint, könnte es zu der peinlichen Situation kommen, daß Sie noch mal neu beginnen, z. B.: „also ich meine...“

Menschen können sich davor fürchten, plötzlich im Satz nicht richtig weiterzuwissen. Diese Angst kann das Stocken und nicht Weiterwissen noch verstärken, und in vielen sozialen Situationen kommt es nun zu unangenehmen Erfahrungen.

Sicher kann man solche Hemmungen nicht sogleich überwinden. Man kann aber seine Einstellung beim Sprechen überprüfen. Oft geht es mit ein wenig Kreativität nämlich doch weiter. Also nicht aufgeben, sondern schnell überprüfen, ob es für den verunglückten Satz noch eine Lösung gibt. Was wäre in unserem Beispiel möglich?

- „Bei den Kosten der neuen Haustür ... (??) sollten wir noch einmal nachdenken. Ich finde einen Neuanstrich günstiger.“
- „Bei den Kosten der neuen Haustür ... (??) möchte ich eher bremsen, ein Neuanstrich scheint mir günstiger.“

Es kann ruhig auch ein wenig unelegant sein:

- „Bei den Kosten der neuen Haustür ... (??) also was diese zu hohen Kosten betrifft, würde ich einen Neuanstrich bevorzugen.“

Das kann man im Alltag und in weniger bedrohlichen Situationen immer wieder mal üben. Später sind Sie dann Meister im Vollenden und Verändern von unglücklichen Sätzen und müssen in dieser Hinsicht keine Angst vor peinlichen Situationen haben.

Nicht unbedingt witzig sein

Gerade der Ängstliche kann glauben, er muß die Gruppe, die er anspricht, irgendwie "unterhalten", damit sie sich nicht von ihm abwendet und damit sie ihm gewogen ist. Das könnte er versuchen, indem er originelle, witzige Beiträge formuliert. Darin liegt aber auch immer eine gewisse Gefahr. Ein solches Verhalten kann auf einige Gruppenmitglieder irgendwie kasperhaft und unseriös wirken. Noch schlimmer: einige Gruppenmitglieder verstehen die Witze nicht, sie nehmen das Gesagte ernst. Und am schlimmsten: einige Gruppenmitglieder fühlen sich persönlich getroffen, weil sie einen Fehler oder einen Mangel, über den gewitzelt wurde, an sich selbst empfinden oder an ihrer Familie, der sie sich irgendwie zugehörig fühlen. Also sollten Sie sich nicht allzu viel Zuneigung von witzigen Bemerkungen (in denen – das ist die Natur der Witzigkeit – auch oft ein wenig Aggression liegt) versprechen. Und warum sollte man sich Mühe geben, in einer Art aufzutreten, die nur Nachteile bringt? Nach meinen Lebenserfahrungen enthalten sich viele erfolgreiche Menschen in offiziellen Gruppen jeden Witzes (manchmal hilft ihnen dabei der – in diesem Fall – glückliche Umstand, daß sie selbst Schwierigkeiten haben, Witze zu machen oder zu verstehen).

Tips für Vorstellungsgespräche

Das meiste, was zu Vorträgen oder auch zum freien Sprechen in Menschengruppen gesagt wurde, läßt sich auch bei Vorstellungsgesprächen anwenden. Dennoch gibt es auch hier wieder spezielle Möglichkeiten.

Das Bewußtsein beschäftigen

Die Angst beherrscht die Gedanken. Man ist mit sich selbst beschäftigt. Hoffentlich mache ich alles richtig. Manche Ratgeber schlagen vor, sich abzulenken, an schöne Erlebnisse zu denken, um die Angstgedanken nicht übermächtig werden zu lassen. Für Vorstellungsgespräche und auch für Vorträge gibt es eine „nützliche" Ablenkung der Gedanken, die Sie einmal ausprobieren können.

Es ist immer von Vorteil, sein Gegenüber richtig einzuschätzen: Beschäftigen Sie Ihr Bewußtsein also mit Ihrem Partner, z.B. dem Personalmitarbeiter des Betriebes:

- Wie ist er angezogen, wie präsentiert er sich?
- Wie ist das Büro gestaltet (herrschaftlich, partnerschaftlich)?
- Wie ist er heute gelaunt?
- Was mag er für Sorgen haben?
- Wie würden Sie an seiner Stelle reagieren, wenn Sie sich in seine Situation versetzen?
- Will er seine Macht demonstrieren?
- Wie ist die Beziehung zwischen den verschiedenen Personen, die beim Vorstellungsgespräch anwesend sind?

Wenn Sie Ihr Bewußtsein – in Gesprächspausen – einmal mit solchen Gedanken beschäftigen, sind Sie auch von Ihren Ängsten abgelenkt und haben gleichzeitig evtl. noch einen Vorteil durch Ihre genaue Beobachtung.

Oft ist es ganz richtig, spontan und ohne allzu viel – hemmende – Überlegung zu reagieren. Die besten Einfälle, wie man hätte reagieren können, kommen ohnehin im Nachhinein. Vertrauen Sie also auch Ihrer spontanen

Reaktion. Tatsächlich wollen Sie ja auch so eingestellt werden, wie Sie sind und nicht wie Sie sind, wenn Sie vor jede Reaktion eine Nachdenkenspause einschalten.

Wenn Sie Ihr Gegenüber beobachten, vermeiden Sie Gedanken über die Situation oder sich selbst und erhalten Ihre Spontaneität. Die Umkehr der Rollen, die so im Bewerbungsgespräch stattfindet, weil Sie nun nicht nur beurteilt werden, sondern auch beurteilen, erhält Ihre Würde und kann ebenfalls angstmindernd und emotional ausgleichend wirken. Die Personen, die über Ihre Einstellung entscheiden, werden durch solche Gedanken zu ganz normalen Menschen, mit Magengeschwüren und Sorgen um Kinder, denen Sie gleichberechtigt gegenübertreten können.

Literatur

Weber G (Hrsg.) (1993) Zweierlei Glück. Die Systemische Psychotherapie Bert Hellingers. Carl Auer, Heidelberg

Tips für Musiker bei Lampenfieber

Bei Musikern, die öffentlich auftreten, ist die Bewertungsangst ein ganz besonderes Problem. Hier sind die physiologischen Begleiterscheinungen von Angst, wie z.B. das Zittern der Hände, besonders auffällig und hinderlich. Während etwas Lampenfieber durchaus leistungssteigernd wirken kann, kann zu viel Angst – neben dem subjektiven Leid, das sie verursacht – auch objektiv die Leistung einschränken oder gar Auftritte unmöglich machen. Eine umfangreiche Studie an 2212 Musikern von 48 amerikanischen Orchestern (Fishbein u. Middlestadt 1987), die an einer internationalen Konferenz teilnahmen, ergab, daß 24% ein Problem mit Lampenfieber hatten und 16% dieses Problem selbst als schwerwiegend einschätzten. Die Einnahme von Betablockern war unter diesen Berufsmusikern außerordentlich verbreitet: 27% aller Befragten nahmen regelmäßig oder gelegentlich Betablocker, davon die meisten ohne ärztliche Kontrolle.

In einem von Nagel et al. (1989) durchgeführten Behandlungsprogramm konnten betroffene Musikstudenten erfolgreich behandelt werden. Die Behandlungsstrategie bestand aus Elementen, die im 5. Kapitel beschrieben sind: Die Künstler lernten, sich systematisch zu entspannen, irrationale Gedanken zu überprüfen und durch rationale zu ersetzen, störende Selbstverbalisationen zu stoppen und positive innere Gespräche zu führen. Ein zentrales Element war die Erstellung einer Angsthierarchie und die Durcharbeitung dieser Angsthierarchie in der Vorstellung (systematische Desensibilisierung).

Die betroffenen Musikstudenten bekamen folgende Angsthierarchie vorgelegt:

- Stellen Sie sich vor, Sie betreten gerade den Konzertsaal, in dem Sie 6 Wochen später Ihr Abschlußexamen ablegen werden.
- 3 Wochen vor Ihrer Aufführung. Stellen Sie sich vor, wie Sie Ihr Programm einigen Freunden vorspielen. Sie schlagen Veränderungen vor, die von dem abweichen, was Sie mit Ihrem Lehrer vereinbart haben.
- Es ist eine Woche vor der Aufführung. Stellen Sie sich vor, daß Sie Ihr Programm für die Prüfung an die Schule eingeschickt haben und daß Sie Ihren Namen am Schwarzen Brett des Prüfungsamtes angekündigt sehen.
- Es ist 3 Tage vor Ihrem Auftritt. Stellen Sie sich vor, einige Bekannte erzählen Ihnen, daß sie planen, zu Ihrem Auftritt zu kommen.

- Stellen Sie sich vor, daß Sie 2 Tage vor Ihrem Auftritt einige technisch anspruchsvolle Stellen üben und daß dies noch nicht gut klappt.
- Am Abend vor dem Auftritt: Sie liegen im Bett und gehen in Gedanken zu dem Konzert am nächsten Tag. Sie sind besorgt, ob Sie gut genug vorbereitet sind.
- Stellen Sie sich vor, Sie spielen sich in der Konzerthalle ein, bevor die Zuhörer eintreffen.
- Stellen Sie sich vor, Sie warten hinter der Bühne – die Glocke vor Ihrem Auftritt läutet.
- Stellen Sie sich vor, wie Sie die Bühne betreten. Sie erhalten freundlichen Beifall vom Publikum.
- Ihre Arme fühlen sich schwach und zittrig an, und Ihre Hände sind feucht.
- Ihnen kommt eine schwierige Stelle in den Kopf. Sie sorgen sich, ob Sie diese Stellen gut bewältigen werden.
- Stellen Sie sich vor, kurz vor dem Ende Ihres letzten Stückes haben Sie plötzlich eine Gedächtnislücke.

Die Musikstudenten konnten diese Angsthierarchie dann noch nach ihren persönlichen Bedürfnissen und Erfahrungen verändern. Nachdem sie gelernt hatten, sich zu entspannen, stellten sie sich diese Items, beginnend beim einfachsten, im Entspannungszustand bildhaft vor. Erst wenn sie das leichtere Item in der Vorstellung ohne Angst aushalten konnten, wurde zum folgenden übergegangen.

Die Teilnehmer an diesem Programm konnten ihre Angst deutlich reduzieren. Stellvertretend sei hier ein Teilnehmer zitiert:

„Durch die Teilnahme an diesem Programm bekam ich mehr Kontrolle über meinen Körper (Zittern von Händen und Knien) und auch über meine Gedächtnislücken. Ich stelle auch fest, daß ich gelernt habe, mich besser zu entspannen und daß ich dadurch auch effektiver in meinen Übungen geworden bin. Ich habe gelernt, daß ich viel mehr erreichen kann, wenn ich mich entspanne, anstatt mich selbst verrückt zu machen. Das ist eine Fähigkeit, von der jeder profitieren kann, nicht nur Musiker" (Nagel et al. 1989, S. 18).

In einer vergleichenden Studie zeigte sich ein ähnliches psychologisches Behandlungsprogramm bei stark betroffenen Berufsmusikern gegenüber der medikamentösen Behandlung als deutlich überlegen (Clark u. Agras 1991).

Literatur

Clark DB, Agras St (1991) The Assessment and Treatment of Performance Anxiety in Musicians. American Journal of Psychiatry 148, 5: 598–605

Fishbein M, Middlestadt S (1987) The ICSOM Medical Questionnaire: medical problems among ICSOM musicians: overview of a national survey. Senza Sordino 25: 1–8

Nagel JJ et al. (1989) Cognitive-Behavioral Treatment of Musical Performance Axiety. Psychology of Music 17: 12–21

8 Ungünstige Methoden der Angstbewältigung

Kapitel 5, 6 und 7 haben Möglichkeiten aufgelistet, wie mit Angst in Bewertungssituationen umgegangen werden kann. Die gleiche Liste für ungünstige Methoden würde die Gedanken nur auf den falschen Weg bringen. Auf einige häufig eingeschlagene weniger günstige bzw. in bestimmten Konstellationen weniger günstige Selbstberuhigungs- und Selbsthilfemaßnahmen soll aber hingewiesen werden.

Alkohol

Sozial ängstliche Menschen haben häufig auch Probleme mit Alkohol, weil Alkohol eben angstmindernd wirkt. Also ist es verführerisch, auf Parties oder nach streßreichen Tagen regelmäßig Alkohol zu trinken. Nicht jeder wird zwar sogleich Alkoholiker, aber auch im Vorfeld hat der Alkohol schädigende Wirkungen.

Es kommt zu sozialen Ausfällen, die die Angst vor zukünftigen sozialen Situationen verstärken. Insgesamt wird man durch die ständige Belastung mit Alkohol nervöser und angstanfälliger, so daß ein Teufelskreis beginnt, in dem die wirksame Alkoholmenge immer mehr erhöht werden muß und man süchtig werden kann.

Nun zu absoluter Abstinenz zu raten wäre natürlich über das Ziel hinausgeschossen (und sicher auch völlig wirkungslos), aber allein zu wissen, daß Alkoholkonsum gar nicht so freiwillig ist, sondern die Rolle einer Beruhigungspille übernimmt, kann den Willen stärken, den Konsum nicht anwachsen zu lassen.

Gerade das in Deutschland so beliebte Bier enthält auch ein mildes Beruhigungsmittel, den Hopfen. Nicht zuletzt auch deshalb ist das Bier als Mittel zum Entspannen – nach getaner streßreicher Arbeit – so beliebt. Man kann den Hopfen getrennt als Nahrungszusatz erwerben, die Lebensfreude am Bierabend ist aber dann dahin. Wenn man aber den Verdacht hat, daß der eigene Alkoholkonsum, hier z.B. der Bierkonsum, angstbedingt ist, sollte eine „Reaktionsbegrenzung" einsetzen. Man kann den Konsum z.B. dadurch begrenzen, daß (durch eine Art Vertrag mit sich selbst) die Zeiten des Konsums festgesetzt werden (z.B. nur ab 20 Uhr), oder auch dadurch, daß die Orte, an denen es zu einem Konsum kommen kann, begrenzt werden (z.B. nur in der Kneipe, nicht zu Hause oder umgekehrt). Man kann auch Situationen definieren, in denen allein ein Konsum erlaubt ist: z.B. nur in Gesellschaft, nicht alleine, oder nur bei Aktivitäten, nicht beim Fernsehen.

Kaffee und Schokolade

Auch die Koffeineinnahme kann negative Effekte haben. Tägliche Koffeindosen, die ja gerade in Prüfungszeiten als „konzentrationssteigernd" gelten, können die Angstbereitschaft erhöhen (Shanahan u. Hughes 1986). Bei verstärkter Angstbereitschaft sollte der Betroffene also einmal seinen Kaffee- oder Colakonsum überprüfen.

Zu erwähnen wäre auch, daß besonders der Kakao ein Beruhigungsmittel ist und zwanghafter Hunger auf

Schokolade so ein Versuch sein kann, die eigene Stimmung zu kontrollieren. Die negativen Folgen für die Gesundheit (zu viel Zucker) und das Gewicht sind aber evident.

Nahrungsaufnahme

Die meisten Menschen können in Angstsituationen nichts mehr essen. Das ist die natürliche Folge einer allgemeinen physiologischen Angstreaktion, die auf einen „Kampf" vorbereitet.

Bei geringen Graden von Angst kann aber die Aufnahme von Nahrung beruhigend sein. Gerade wie Entspannung ist nämlich auch die Nahrungsaufnahme eine angstantagonistische Situation. In frühen Experimenten (Jones 1932) konnte Angst bei Kindern auch durch die Verabreichung von Süßspeisen zusammen mit dem angsterzeugenden Reiz gelöscht werden.

Reagiert man auf Angst also nicht mit Appetitlosigkeit, sondern im Gegenteil mit gesteigerter Nahrungsaufnahme, insbesondere von Süßem, wird es zu wenig gewünschten Gewichtsveränderungen kommen. Eine Selbstkontrolle kann wieder mit einer Begrenzung der Reaktionsmöglichkeiten beginnen, z.B. Nahrung nur zu bestimmten Zeiten und/oder an bestimmten Orten zu sich zu nehmen.

Was können Medikamente leisten?

Soll man gegen zu große Angst Medikamente nehmen? Hier soll nicht vorschnell mit ja oder nein geantwortet werden.

Natürlich und dies vorab: die im folgenden erwähnten Medikamente sind rezeptpflichtig, müssen also von einem Arzt verschrieben werden. Dies ist auch sinnvoll. Nur der Fachmann kann im Einzelfall Nebenwirkungen und Nutzen abschätzen. Eine Selbstmedikation ist strikt abzulehnen.

Chemische Substanzen können angstmindernd wirken. Dies ist allerdings nur eine aktuelle Symptomunterdrückung. Die zugrunde liegende Angststörung wird nicht beseitigt. So wird man Medikamente also eher in einem – seltenen – Fall hoher Angstbelastung einsetzen, weniger gegen täglich auftretende Ängste, weil dann eben auch eine dauerhafte Medikation erforderlich ist, die ein großes Risiko von Abhängigkeiten und Nebenwirkungen birgt.

Bei extremen Prüfungsängsten, die ja nur in der – seltenen – Situation der Prüfung und der Prüfungsvorbereitung auftreten, können Betablocker hilfreich sein (Handelsnamen sind z.B. Tenormin oder Trasicor, vgl. Laux et al. 1990). In einer geringen Dosierung beeinträchtigen sie die geistige Leistungsfähigkeit nicht, vermindern aber das Lampenfieber. Tatsächlich greifen sie auch nicht in die Gehirnchemie ein, sondern verhindern ein angstbedingtes Beschleunigen des Herzschlages. Abhängigkeiten entstehen nicht.

Gut kontrollierte Studien bestätigen die Wirksamkeit von Betablockern in den genannten Situationen (Liebowitz et al. 1990).

Ständige soziale Ängste sprechen besser auf sogenannte MAO-Hemmer an (Liebowitz et al. 1990). 68% der Patienten mit schwerer generalisierter sozialer Angst, die kaum mehr sozialen Kontakt haben konnten, sprachen auf eine Phenelzine-Behandlung an. Es ist allerdings bislang nicht geklärt, ob die Behandlungseffekte bei einem Aussetzen der Medikation anhalten.

Mit sich schimpfen

Mit dem Kind schimpfen die Eltern. Manchmal folgt dann auch noch eine Strafe. Um das Schimpfen und die Strafe zu vermeiden, lernt man, erst laut und dann leise mit sich selbst zu schimpfen. So nimmt man die elterliche Reaktion vorweg, indem man sie selbst ausführt. Zumindest die Kränkung, von einem anderen ausgeschimpft zu werden, entfällt dann. Das Schimpfen mit sich selber vermindert also die Angst vor der Kränkung, ausgeschimpft zu werden, oder vor der auf das Schimpfen folgenden Strafe. Es ist also belohnend. Im ungünstigen Fall kann ein Mensch sich dahin entwickeln, daß er fast nur noch mit sich schimpft und sich abwertet. Anfangs war diese Reaktion zwar angstmindernd und also nützlich, mit der Zeit wird sie aber, wie damals das Geschimpftwerden von den Eltern, auch verletzend und entmutigend.

Ein anderes „Ich" hat man ja nicht. Also muß man friedlich mit sich zusammenleben und darf sich nicht ständig abwerten. Es tut gut, sich einfach so zu akzeptieren, wie man ist, und ganz vorsichtig zu versuchen, ob man nicht mit den vielen Ressourcen, die man hat, noch etwas wirkungsvoller werden kann. An die Stelle des Schimpfens sollten positive ermutigende Autosuggestionen treten, wie sie in Kap. 5 beschrieben sind.

Literatur

Laux G et al. (1990) Psychopharmaka – ein Leitfaden. Gustav Fischer, New York Stuttgart

Liebowitz MR et al. (1990) Phenelzine and Atenolol in social Phobia. Psychopharmacology Bulletin 26: 123–125

Shanahan MP, Hughes RN (1986) Potentiation of performance induced anxiety by caffeine in coffee. Psychological Reports 59: 83–86

9 Abschließende Bemerkungen

In diesem Buch wurde Ihnen, liebe Leserin, lieber Leser, ein Angebot von Ratschlägen zur Bewältigung von Bewertungssituationen unterbreitet. Wie schon eingangs gesagt, das Gewicht liegt hier auf dem Wort „Angebot". Jede Situation, so auch Ihre, ist besonders, individuell und nicht einfach mit allgemeinen Tips zu verbessern. Die Vielfalt des Angebots soll Ihnen die Auswahl des zu Ihnen Passenden ermöglichen. Sie selbst bleiben also die Schaltstelle für die Nutzung dieses Fächers von Ratschlägen.

Wir hoffen, daß Sie uns Kritik und Erfahrungen mitteilen, damit wir das Angebot verbessern und auf die Vielfalt der menschlichen Erfahrung hin erweitern können.

Anhang: Checkliste zur Selbstbeobachtung

Datum	Häufigkeit	Dauer (Min)	Stärke 0–10	Situation

Druck: Mercedesdruck, Berlin
Verarbeitung: Buchbinderei Lüderitz & Bauer, Berlin